願見耶穌

願見耶穌

發掘神在基督裏給你的預備

韓萊爾、韓莉芙

翻譯　杜明明

We Would See Jesus:
Discovering God's Provision for You in Christ

Roy and Revel Hession

Oil Lamp
BOOKS LLC

翻譯　杜明明

文字編輯　王日、文晉軍

封面版面設計　艾力思

ISBN　　978-0-9844917-2-8

LCCN　　2010937919

∞ 油燈書社致力支持善用天然資源。印刷本書紙張為耐久
品質(archival quality),源自可持續發展樹林。

Translated by Du Ming Ming

Edited by Wang Ri and Wen Jin Jun

Cover and Layout Design by Ai Li Si (Brannon Ellis)

ISBN　　978-0-9844917-2-8

LCCN　　2010937919

∞ The paper used in this book is archival quality, and sustain-
ably harvested. Oil Lamp Books advocates the responsible use of
natural resources.

www.olbooks.com

目錄

前言

本書旨在談論主耶穌基督本人。

《願見耶穌》可算是一九五零年出版的《各各他之路》(The Calvary Road) 的擴充版本，神曾藉著它賜福給世界各地的人，相信今次這擴充版本將起繼往開來的作用。

第一本書涉獵了基督徒生活和復興的各個層面，諸如破碎、豐盛、團契，等等，這樣逐個層面去處理基督徒的經驗會很有助益。然而我們從那時起，曉得無須把信仰生活分項列述，因為只要看見耶穌便足夠了。看見祂，我們便會認罪、被破碎、得潔淨、被聖靈充滿、從捆綁中得釋放、復興。單單看見「祂」，基督徒經驗的每一方面都會在我們心裏變得真實。祂既是我們尋求的所有祝福，也是容易找著、引向那祝福的道路。倘若我們只顧把事情的某方面「做出成效」，便會成為公式，把我們引入捆綁。但是主耶穌已來，把捆綁的軛拿掉，釋放了我們，使我們在聖靈的清新和自發中事奉祂，只須憑聖靈賜下的信心眼睛看祂一眼，這一切都能成就。

> 我們願意見耶穌，這是我們需要的一切；
> 只要看見就有能力、喜樂和願意的心；
> 我們願意見耶穌，受死、升天、代求；
> 然後迎接白日，向滅亡之夜道別。

這就是《願見耶穌》的方向和主題。然而，我們不能假裝自己已「圓滿地」處理這個主題。讀者將發現有好些地方還沒

有觸及。不過正如我們說過，只要得見耶穌、並繼續看見祂，一切已足夠。這樣，我們將會看見其他一切我們需要看見的，正如我們需要看見的那樣，這一切都會與祂維持正確的關係，祂必要成為我們生命的中心。

以下的篇幅會一而再地出現兩個字，這兩個字的用法都有特別含意。考慮到在章與章之間加入解釋會打斷文章的思路，我們認為較妥當的做法是在這裏加插這些詞彙的意思。

「第一」個字是「恩典」。通常這詞形容我們在特定時刻從神得到的一些祝福。然而我們會嘗試在運用它時，把它嚴謹地規範在《新約聖經》的涵意中。在《新約》中，這詞彙豐富地演繹了我們的拯救，乃至神與我們交往的一切，因為有經文這樣寫道：「你們得救是本乎恩，也因著信。」沒有任何事情，比我們以心智和經驗理解這句子的意思更重要。我們要是未能領會，就會錯過一切。在《新約》中，恩典並不是我們從神得到的祝福或影響力；反倒是神的屬性，此屬性規範著神對人的態度，可以把它定義為神給我們不配受的眷愛和祖護。《羅馬書》11:6 說：「既是出於恩典，就不在乎行為；不然，恩典就不是恩典了。」恩典的整個核心就是不配。當我們有一刻要以行為來令神更接納我們，或我們必須具備某些感情或品格才得到神的祝福，那麼恩典便不再是恩典了。恩典允許我們以一無所有的罪人身份前來（不！該是「要求」我們前來）得福，不存在正確的感情、優良的品格，令人滿意的記錄，也沒有值得自我表揚的事；唯有完全地、坦然地承認我們深切的需要。這樣，恩典憑著本身的特質，自會被那種需要吸引，前去滿足它，正如水（因地心引力）自會朝下流一樣。這意味著當我們終於發現自己裏面沒有任何美善或吸引恩典的誘因，並願意承認自己全面的罪性，這樣，神向貧乏人所行的便為無限，因為人在自己的一無所有中仰望祂。倘若我們從神而得的是因應自身的優點或行為（那管只有小部分），那麼我們可以期待的，也只會是稀稀落落間歇的祝福。但假如我們領受的與行為無關，只在乎神的恩

典，那麼就只有一個在《新約》中常與恩典同用的字，足以描繪祂向我們賜下的一切：「豐盛！」當然，我們的掙扎是如何去相信這些話，並且願意只以一無所有的罪人身份活到最後一天，讓恩典不斷滿足我們的需要。

> 當我們積蓄的到了盡頭，
> 我們父親豐富的供應才剛開始。
> 祂的愛無限，祂的恩典無可比量，
> 祂的能力超過人所思所想；
> 因為藉著在耶穌裏無窮的豐盛
> 祂賜予、賜予，再賜予。

這就是恩典；這就是神！神的這個異象，是何等溶化人心！「另一個」需要解釋的詞彙是「復興」。這一詞常用於形容一般的、或多多少少帶點引人入勝意味的聖靈活動；復興叫人得救，令教會得建立。我們不會否定這是該字的正當用法，不過「我們」一直用這詞指神在信徒生命中的初次動工，對於每個認知到自己在基督徒經驗中滑落的基督徒，降伏於神對他的管教的基督徒，看見耶穌是他需要的一切並以信心這樣理解祂的基督徒，神的動工是個人和即時的。最壯觀的復興活動的核心，亦是如此。畢竟，這種運動關乎的，不正是生命不休止的溝通嗎？神使用的，不正是我們生命復興的燦爛見證嗎？那麼，顯然易見，我們首個責任是自己得復興，然後向周圍的人作見證。我們要相信神會按祂所喜悅的賜給我們生命，並使我們融合在聖靈引發的集體運動中。願神豐富地滿足每位讀者的渴望，希臘人對腓力說的話中最早表達了這種渴望：「先生，我們願意見耶穌」（約翰福音 12:21）。

韓萊爾、韓莉芙

第一章

看見神——人生的意義

> 我的人生目標是神自己，
> 非喜樂、非平安、非祝福，
> 唯獨是祂——我的神。

甚麼是人生的意義？大多數人都渴望找到答案。內心有一股催促、渴求、欲望在追趕著，往不同的方向拉扯，令我們不能滿足。我們羨慕別人，想像他們的生活比我們豐盛滿足。以為若能贏取獎賞、享受快樂，便會真正滿足；可是，把獎賞、快樂變成囊中物後，卻發現不比從前滿足。年紀愈長，愈感沮喪，不禁要問：「人生有甚麼意義？怎樣才找到人生意義？又怎能肯定那意義正確？」這不但是很多自稱為基督徒的人需要找尋的答案，未認識神的人亦然。

回到《聖經》，會發現《聖經》的答案又清楚、又簡單。《聖經》直截了當地表明人類生存只有一個意義；不管我們的性別、年齡、國籍、社會地位，那意義都相同。

> ……現在耶和華——你神向你所要的是什麼呢？
> 只要你敬畏耶和華——你的神，遵行祂的道，
> 愛祂，盡心盡性侍奉祂。（申命記 10:12）

> 世人哪，耶和華已指示你何為善。祂向你所要的是什麼呢？
> 只要你……存謙卑的心，與你的神同行。（彌迦書 6:8）

> 你要盡心、盡性、盡意、盡力愛主——你的神。
>
> （馬可福音 12:30）

《聖經》似乎回答了人生意義的問題，答案就是認識神、愛神、與祂同行；那就是說，要「看見神」。事實上，古人以「迎見神」表達「生命盡頭」的意思。七世紀撰寫《韋斯敏斯德信條》（Westminster Confession）的眾聖賢，也寫下了「人最重要的意義是甚麼？」的答案，他們認為「人最重要的意義，就是榮耀神，永遠以神為樂。」

然而，今天很少聽到人想要看見神。只要翻開前人的作品，便曉得我們在講道或行道時，這方面是何等疏忽。縱是在昔日的靈性黑暗期，仍總有一些人渴望看見神，被這種強烈的情感緊緊抓住。對他們而言，人生只有一個目的：認識神。他們心靈飢渴；更知道只有神能滿足這飢渴。閱讀他們尋求神的過程，會發現有些人另闢蹊徑。他們住在沙漠或山洞，或退隱到修道院，追求神那「沒有人能見」（希伯來書 12:14）的聖潔，他們捨棄一切世俗財物，或苦待己身；淨化身體，進入時或狂熱、時或病態的內省中。以現今的眼光看來，他們是被律法主義和禁慾主義捆綁了、被誤導了的可憐人。不過，我們應當記住，他們這樣做，是出於對神的渴慕尋求，為要看見神，於是把重點放在個人的聖潔上。

今天情況已經不一樣，我們看《聖經》和福音信息時有更多亮光，回看昔日的尋道者，我們會覺得失望。不過，事實是，亮光愈多不一定使人愈渴望看見神，卻往往有反效果。我們對神那種深深的渴慕明顯不足，結果似在降低信徒生活的目標，追求比神自己次等的東西。

在此有兩個鮮明的重點。

「首先」，與其強調追求聖潔去「看見」神，我們反倒側重了「侍奉」神，以為基督徒生活，就是完完全全地、有效地侍奉神，偏重了傳講神信息的技巧和方法。如此侍奉需要能力，

這樣,我們不再渴望神,反倒渴望得到能力,更有效地侍奉祂。我們的思緒縈繞於侍奉上,往往以成就或侍奉作為是否無愧於神的判斷標準。

「再者」,追求內在的屬靈經驗成了重點,以致很多基督徒滿足於活在極低的屬靈層次中。基督徒注重屬靈生活是好的,也是應該的,然而,這種關注卻不是出於對神的渴求,而是追求一己的快樂、喜樂、能力;找尋的只是內在的屬靈經驗而已,而不是神自己。

這兩個結果完全不符合神的心意,因為神要人永遠榮耀祂、享受祂,這些都不能滿足神的心,也不能滿足我們的心。

§

要明白為何「看見神」要成為人生的主要目的,明白神為何對我們作出如此要求,就必須回看歷史的序幕。

人類故事始於本自足自全的神,原沒有需要,卻做出這樣精心的選擇:若沒有祂自己創造的受造物,祂就不完全(看似如此)。「因為祢創造了萬物,並且萬物是『因祢的旨意』被創造而有的」(啟示錄 4:11)。這是人唯一被造的目的──人被造是因為神的喜悅,除此之外,別無其他目的。人被造是為了神的喜悅,人亦是神愛寵的對象。對人來說,人神原來關係的基礎,完全以神為中心。人知道被造的唯一目的是使神喜悅,人唯一的關注是回應那神聖的愛,為神而活,行祂的旨意。人不斷讓自己的意志和欲求降服在創造者腳下,並全然依靠祂,這就是人喜樂的原因。正因為人順服神,人內在的每種需要都被神滿足了。魯益師(C. S. Lewis)這樣描述創世之初,還未受墮落影響的人神關係:「在完美的循環活動中,神把生命、能力、喜樂送給人為禮物;人則以順服的愛,熱烈的崇敬回報神。」這確實是人類的「全盛時代」,那時人熟知眼看不見的領域,就如熟知眼所能見的領域那樣,因為人內裏有一種稱為靈的本能,使他可以跟同是靈的神溝通。

因此，堅持把看見神並與祂建立活潑關係定作人生最大的目標，並不是強求，也非奇怪或不自然，而是人被重造的最大意義，是唯一在地上「存在的理由」。

除此之外，看見神也是神藉主耶穌基督拯救世界的唯一目的；因為人很快已失落人生的神聖目的，需要被拯救。人與神之間的愛和順服關係並沒有維持得很長久。一天，罪在園中高視闊步，人在涼風中與神同行的日子結束了。撒旦引誘人，告訴人只要簡單地越雷池半步，便可以脫離人受造物的地位，能夠「如神」（創世記 3:5）一樣，於是，人故意選擇不再依靠神。從前人樂於把神放在中心位置，現在卻抬高自己，把自己放在世界的中心。從那時起，人變得驕傲和不順服，不願意降服於創造主，也不再承認自己是為神的緣故被造。在神而言，祂和人的關係基礎破壞了，聖潔的神不能和不潔的人相交，正如光明不能和黑暗相交，聖潔也不能和罪相交；人本能地得悉這情況，所以第一個反應就是躲在園子的樹叢中，逃避主神的面。

我們是原初罪人的子孫，同是一丘之貉，生下來也有阿當犯罪當日蔑視神的本性。有人打趣說，我們一出生就是以「我」為先的專家，自私主導了我們的行為。《聖經》以這樣的話描述人對神權威抱的反叛態度：「沒有明白的；沒有尋求神的」（羅馬書 3:11）。人心蔑視神，說：「離開我們吧！我們不願曉得祢的道。全能者是誰，我們何必侍奉祂呢？求告他有什麼益處呢」（約伯記 21:14–15）？

因此，人失落了原有的神聖人生目標。假若神選擇離開人，人無可避免地要經歷疏離與痛苦，縱是天上的天使也不能控訴神為不義，對人缺乏愛。神已經豐盈地展示祂的愛，只是人把這愛扔回祂臉上。即使人做了這等事，神因為愛人，仍決意醫治人；祂再度伸出雙手，進行拯救。神的話一出口便完成「創造」，然而，祂卻必須流血，才能「拯救」。神以祂兒子耶穌基督這位格成就救贖，耶穌基督代替我們死在十字架上，那原是我們犯罪該受的刑罰。然而，拯救不是最後關頭冒出來的想法，不是

隨突發事件應運而生。罪進入園子後不久，神已提及將要來的那一位要傷蛇（即撒旦）的頭，祂自己的腳跟卻要被傷（創世記 3:15），祂要修補罪和撒旦破壞了的一切。神揭露此悲哀的變遷時，並沒有表示驚訝，只陳明已預備了一位應對這狀況。《聖經》稱祂為「從創世以來⋯⋯被殺之羔羊」（啓示錄 13:8），因為神的救治比疾病先出現。這一切只有一個目的，就是把墮落的人類，連同有罪、驕傲、不肯屈服的本性，領回順服神的關係裏，以神為中心的態度中，那就是在墮落時喪失了態度。這樣，祂跟我們可以再以彼此為樂。

假如跟我們重新建立關係，是神創造的目的，那麼，救贖肯定是祂與我們關係的重要目標。若飛機設計師設計了可以在某個高度飛行的飛機，卻發現飛機不能離地，他必然會竭盡所能，使飛機符合他的設計目的。神也是這樣竭盡所能，把我們帶回，歸祂自己。最初認罪、歸向神的行動，都只是回到和祂建立團契關係路上的門檻。只有我們回到路上，神才能夠開始處理我們自我中心的意念。雖然我們因為這意念，「多年來被強奪變得腫脹發炎」，飽受痛苦，可是，我們是可以回到順服神，以神為中心的意念上。倘若我們心中沒有尋找祂的意念，不覺得需要祂，祂就容許難過、受傷、試煉、疾病、功虧一簣、失敗臨到我們，這樣我們才會因自己的需要，到祂那裏尋找所需。然而，這種痛苦永不是懲罰，其用意純粹是為了復修關係。愛使我們謙卑，並且把我們引到認罪之處和神那裏。

🎵

我們看見自己仍距離目標很遠，因為侍奉神、作事工、尋找內在特殊經驗，都不是神對我們人生的旨意。

集中在侍奉和信仰活動上，可能只會迅速破壞尋找神自己這真正目標。丟開自己的生活去侍奉神和服侍人，驟眼看來很有英雄氣概，認為侍奉對神意義重大，其重要性大於如何經歷祂。侍奉看來是無私的，專注於如何與神同行卻顯得自私和自

我中心,事實卻完全相反。最讓神關注的,是我們對祂的冷漠,和那驕傲、不肯順服的本性。基督徒的侍奉往往可以不觸及自我中心的本性,這也是為何很少有教會、宣教機構,或特別事工的工場,不被糾纏不清的人際關係蠶食核心,攔阻事工進度。基督教事工提供了領導的機會和崗位,那是我們在世俗世界不會得到的,這使我們很快墮進驕傲、追逐私利、野心勃勃的景況中。我們一邊把此等心態藏在心中,一邊與人共事,漸漸地,心裏發出恨怨、冷酷、批評、嫉妒,變得沮喪。我們認為自己在為神作工,可是當別人的行動、自己身處的環境、或疾病成為試探時,怨恨和自憐就會揭露我們對神的服侍其實是何其不足!

唉!在這種狀況下,我們仍想給予別人連自己也沒有真正深刻掌握的答案。可悲的是,我們企圖以各種各樣的基督教活動和事工,為人的需要和問題傳達答案,但傳達的人自己卻很少有認為這些答案足以應用在「自己」的生活中。我們必需除去令事工不斷壯大的慾望,專注於看見神,在祂裏面找尋生命中深邃的意義。這樣,縱使處於地上最偏僻的角落,世界會開出一條路,讓我們找到獲得答案的門。對別人的服侍隨看見神而來,亦是因看見神而得出的直接結果。

這並不意味著神不想我們積極參與祂的事工,祂當然願意我們積極參與,只是祂的目的往往與我們所想的大相逕庭。在祂心中,服侍是祂模造我們的陶器拉坯輪車,這看法與我們決心以侍奉來達到既定目標不盡相同。神見到我們內裡不斷傷害別人的銳角。祂也看到我們心中追求私利的動機和驕傲,於是,祂容許別人和我們同工,同工們會把我們的銳角磨得圓滑。或許祂也會讓一些人攔阻我們的計畫、取代我們的位置。若以侍奉祂作終極目標,我們便會作出激烈的反應,以牙還牙,或者索性脫離侍奉群體,自立門戶。這樣,我們就變得前所未有的自我中心了。但是,假如我們服從神允許發生在我們身上的事,悔改罪性的反應,這就能引領我們更深地經歷祂的恩典,得到

神所賜，存在我們心中，唯獨以祂為滿足的能力。

同樣，過度追尋內在屬靈經歷，會阻礙我們找到那唯一真正的目標，因為我們若以這種追求為人生目標，心裏只會充斥著這些個人經歷，又或者完全缺乏個人經歷。這種景況下的基督徒很可悲，既飢渴又不滿足，他們四出尋找有名的講員、參加各種各樣的講座和會議，遍尋獲取祝福的新程式，找尋新鮮的經驗，到最後，若然認為自己蒙福，就可能落入驕傲中，若認為沒有蒙福，或會陷入絕望。這樣的基督徒仍以自我為中心，過份注重自己和自己的經驗；混亂的教導，強調聖化和類似的教條，令他們精神上極度痛苦。而那唯一能滿足我們的心的那位，已在我們身旁，渴望我們去認識祂、愛慕祂、引證祂。

§

這就是生命的意義：看見神，並容許祂將我們帶回與祂舊有的順服關係中。我們也許希望神會滿足於給我們次一等的生命意義。正如魯益師說：「我們很自然地希望神給我們預備的命途能少一點榮耀，少一點艱辛。……榮耀是一種負擔，它不僅超出了我們應得的賞罰，除了在少而又少的恩典時刻中，也超出了我們渴望的範疇。」*然而，我們絕不該抗拒賦予我們的崇高意義。 泥土不會跟陶匠爭辯，陶器知道陶匠有權把陶器造成任何祂選擇的形狀。對我們最有益的，只能靠順服而得。

有人說，神在每個人心中都一處刻有如神形狀的空白位置。不過，另一個說法也是真的，就是「神」心裏也有如人形狀的空白位置。因為這樣，神才會如此想念我們，如此不惜一切追尋我們，亦由於神在每個人心中都有一個如神形狀的空白位置，地上的東西，縱使是侍奉，都永遠不能滿足我們的心，只有神自己能填滿心裏刻有祂形狀的空白位置。

倘若我們順服於此，我們當中一些人便會對人生有新的見

*魯益師《痛苦的奧秘》(The Problem of Pain)

解。縱然在枯燥的環境中，仍會對生命產生新的熱情。只要把重點由「做」（doing）變成「是」（being），張力便能舒緩。環境也許沒有改變，但自己卻變了。若與神相交是我們最關心的事，那麼，無論在廚房中、病患中，在任何試煉和困境中，都能與神相交。面對任何事情，就算是最討厭的雜務，也會為神和為祂的榮耀去完成。吃力的掙扎、束縛、沮喪，都會完全消除，安息於神和自己裡面。

> 我知道一事，我不能向祂說不；
> 我能作一事，我朝向我的主；
> 願神我的榮耀天天同在，
> 願我在榮耀中得大獎賞。

第二章

在耶穌面上看見神

也許上一章的內容讓我們沮喪，我們同意其論點，也知道神自己才是目標，不過祂卻似乎遙不可及，也不可知。

除非見到與祂有關，容易為人理解的啟示，神「確是」不可知的。沒有啟示，人對祂的探求都是徒然，只能與約伯同聲說：「惟願我能知道在哪裏可以尋見神」（約伯記 23:3）！縱使是創造的奇妙，也不能完全把神啟示出來。約伯提到創造時這樣說：「看哪，這不過是神工作的些微；我們所聽於祂的是何等細微的聲音」（約伯記 26:14）！人若靠己力探求，所得到有關神的知識，只會是錯誤的，只會引致恐懼和捆綁，令人排斥神，而不是靠近祂。

然而，基督教榮耀的核心事實，就是神完全地、終極地啟示自己，讓祂自己在最簡單、最容易受怕的人面前，成為可理解、可接近、令人渴望的啟示。祂通過祂兒子成就此事，神藉著兒子創造了諸世界；虛己取了血肉之軀；藉著自己洗淨我們的罪，坐在至高全能者的右邊，那兒子就是主耶穌。

門徒早就神的不可知這難題提出疑問；有一天，門徒對主耶穌說：「求主將父顯給我們看，我們就知足了。」耶穌以驚人的話回答說：「人看見了我，就是看見了父」（約翰福音 4:9）。稍後在《新約》中，保羅對歌羅西人也說了同樣的話：「愛子是那不能看見之神的像」（歌羅西書 1:15）；然後又跟哥林多人說：「那吩咐光從黑暗裏照出來的神，已經照在我們心裏，叫我們得知

19

神榮耀的光顯在耶穌基督的面上」（哥林多後書 4:6）。

從耶穌面上看見神榮耀知識的光這節經文，最能幫助我們。若光不照在物件上，光不能被看見。我們以為看見一度陽光照進房間，但事實不是這樣。我們看見的，只是光照著空氣的粒子，是粒子揭示光的存在。「神就是光」（約翰一書 1:5），除非祂照在揭示祂的客體上，否則祂是不能見、不可知的。祂照亮的客體，就是耶穌基督的面，看見那張面孔，神榮耀知識的光便照在我們心裏，這光不能從別的地方看得見。

《新約》其他經節舉出了三個漂亮的例子，說明主耶穌就是父的啟示。在一處祂被稱為「道」（約翰福音 1:1），因為「道」正是思想的表達。在另一處祂被稱為「神本體的真像」（希伯來書 1:3），信封上的滴臘正是印章的倒模。在同一節祂被稱為「神榮耀所發的光輝」，陽光的光輝表達了太陽，陽光也是太陽可看見的唯一部份。是的，正如道由思想而來，滴臘留下印章的模樣，陽光從太陽而出，耶穌是神的兒子，與神同等卻又永遠不會獨立於神，耶穌以簡易、容易理解的話語，把神完全呈現出來。祂昔日已是這樣，不僅只在道成肉身之時；自始祂已是這樣，直至一切終結，祂仍是這樣。

祢是永恆的道，
父神的獨生子，
神明明白白地被看見被聽見，
天上的獨生愛子也一樣。

父神榮耀照遍，
完美地在祢身上展示；
完備的神性，
永恆的神聖。

無始無終的真形象，
祂的屬性被隱藏；

非受造之光的光明，
神的心被啟示出來了。

除了從耶穌面上，我們不能在別處完全看見神。

奧比涅（D'Aubigne）在馬丁路德的傳記中描寫路德如何尋求認識神。他說：「他真希望能滲進神的秘密班子中，揭開祂的奧秘——為要看見不能看見的，明白不能明白的。」司道比次（Staupitz）阻止他，對他說不要擅自測探隱密的神，要滿足於祂在耶穌基督裏向我們顯明的。神曾說，在祂裏面，你會發現我是誰和我所要求的。不管在天上或地上，不會在別處有所發現。

§

在耶穌基督的面上究竟會看見甚麼？剛才思想的那節經文說，我們不單看見「神所發知識的光輝」，又看見「神榮耀的光顯在耶穌基督的面上」。在耶穌面上不僅看見神，還有祂所展示的榮耀。這叫我們重新認識是甚麼使神得榮耀，這認知使人既驚訝且震動，因為那揭示神榮耀的面孔，是一張被人的仇恨破壞、吐唾沫在其上的損毀面孔。以賽亞說了有關祂的預言：「祂的面貌比別人憔悴；祂的形容比世人枯槁」（以賽亞書 52:14），又可以這樣翻譯：「祂的面容損傷得不似人形；祂的面貌何其毀傷。」

可是你說，那不是榮耀的異象，乃是羞恥和屈辱！然而，只要神視之為榮耀，那就是榮耀，因為神的榮耀存在於非我們認定的事情裏。我們總墮進錯誤中，以為神「恰和你一樣」（詩篇 50:21），以為祂的榮耀所包含的，與人的榮耀所包含的一樣，只是規模較大而已。一般而言，人的榮耀都是建基於高舉自己的能力，隨心所欲貶低他人。世人說，那就是榮耀，那就是能力。「他活著的時候，雖然自誇為有福（你若利己，人必誇獎你）」（詩篇 49:18）。多少時候，我們妄想成為高高在上的行政長官，只需按一下按鈕，就能隨意指使他人，認為那就是榮耀！在人眼中，榮耀往往是如何高抬「自己」。

　　然而，在耶穌裏看見之神的榮耀，卻與此大相逕庭，祂沒有高舉自己的能力，貶低別人，卻為了人的緣故虛己；祂的榮耀並非在於展示把敵對者碎屍萬段的能力，而在於當不配的人向祂認罪時，祂隱藏那能力去施行的恩典。摩西說：「求祢顯出祢的榮耀給我看」，神回答說：「我要顯我一切的恩慈，在你面前經過」（出埃及記 33:18–19）。 神說的不是「我要顯我一切的能力、威榮、聖潔，在你面前經過」，而是「我要顯示我對軟弱、有罪、不配的人所發的一切恩慈，在你面前經過」。

　　祂顯出恩慈（goodness）時（即《新約》所說的恩典），就顯出榮耀。祂的榮耀就是恩典（以弗所書 1:6）。祂的榮耀令天使都把面藏起來，在無比尊崇中向神俯伏。唯有耶穌面上完全地看見這榮耀，在別處尋覓不到。「祂完滿地展示父神照耀的榮耀」。

　　這就是救主心中對榮耀的概念。耶穌說：「人子得榮耀的時候到了」（約翰福音 12:23）。數節後祂繼續說，那時刻就是祂被高舉，吸引萬人歸向祂的時刻（約翰福音 12:32）。祂再說：「我的時間還未到。」不久後說：「這就是了。」若首次讀到這些經文，必然想立即說：「從沒有時刻像這刻那麼榮耀，從沒有人像祂那麼值得崇敬，因為從沒有人像祂，忍耐著走過被污衊和反對的路！」令人驚訝的是，祂所說的榮耀，並不是被高舉至「寶座」上，而是為了叛逆的人，被高舉至被視為公開羞辱的「樹」上，好讓祂能把人從罪的痛苦中拯救出來。耶穌實際上在說：「這是我榮耀的時刻，因為這是我向罪人施恩的時刻。」因此，我們在耶穌裏看見神最高的榮耀，這榮耀包含了我們最深層的幸福保障。這是何等的神！

　　神展示的概念，跟我們從墮落良知中得出對祂的概念，實是差之千里！墮落的良知總叫我們躲避祂，彷彿祂是手持大棒的神！無怪乎祂會繼續說：「我若從地上被舉起來，[在恩典裏顯出神的榮耀]，就要吸引萬人來歸我。」這就是神的啟示，這不但使祂能被人明白，更使人不斷渴求祂。

從耶穌的面上，我們認知祂就是神，不需再從別處看見神。

我在祂身上看見神性照耀
基督為我！

神是何等美善！祂把我們的尋求簡化若此，我們不需要成為哲學家、神學家、學究才能明白祂。沒有需要進一步窺探，也不應該進一步窺探。需要知道的，父神已顯明在主耶穌身上，單純易懂得連孩童也能明白……或許太簡單了，我們非得變回小孩的樣式，否則不會明白；因為阻礙我們認識神的，往往是我們的智力。

我們所需要的呼喊，就是希臘人向腓利發出的呼喊：「先生，我們願意見耶穌！」因為看見祂，就看見了一切，心中所有的需要，都得滿足。

§

我們必須問自己：「願意見耶穌」是甚麼意思？也許這個問題會幫助我們看見：「願意見耶穌」「不是」甚麼？

願意見耶穌的意思，不是追求以神祕的方式看見祂，或渴求看見異象。我們有一次聽見有人被問及是否看見耶穌，他回答說：「是的，我常常幻想祂的形象。」有些人要見異象，可是異象卻不是可以尋求就得到，亦不可以見異象為榮。保羅十分謹慎地處理他見過的異象（哥林多後書 12:1–5）。見過異象不一定等於更認識主耶穌；有時候，見異象反倒成了攔阻。

再者，我們不應僅僅以為，對基督和祂的愛作客觀默想，或對真理的學術產生愛好就是我們所需要的。查考《聖經》固然重要，不過，有時候也可以變得出奇地枯燥，雖然每天讀經時耐心等候神是不可缺的，可是，查考《聖經》不一定代表查考者能享受主耶穌改變人心的異象。

耶穌應被理解為「現時需用的供應者」，單單以信心依靠祂。透過有需要的眼睛，總會看見主耶穌。祂呈現於《聖經》中，

不是為了讓我們作學術觀摩，發展嗜好，乃是要滿足我們作罪人和弱者的極度需要。因此，承認自身的需要和認罪，永遠都是看見耶穌的第一步。當人承認有需要，聖靈便樂於向人展示主耶穌就是那需要的供應源頭。

一般來說，我們透過《聖經》的啓示認識耶穌，不過，也可藉著他人的見證，詩歌的歌詞來認識祂，甚或在缺乏這等途徑時，聖靈會以更直接的方式啓示。人的靈會以信心捕捉聖靈彰顯出來的耶穌。這樣，掙扎、緊張、罪疚的認知、恐懼、痛苦全都會逃之夭夭，我們就要「滿口喜笑、滿舌歡呼」（詩篇126:2）。

第三章

看見耶穌——我們一切所需

耶穌不止一次宣告與父同等，其中最叫人屏息的一次，是祂宣告：「還沒有亞伯拉罕就有了我」（約翰福音 8:24）。這句子立即引起注意，因為文法的應用極盡寬鬆自由。倘若主耶穌僅僅想表達祂的先存性，祂必定會説：「還沒有亞伯拉罕，我已在那裏（I was）」，可是祂卻説：「還沒有亞伯拉罕就有了我（I AM）。」

無可置疑，祂要把我們帶回那天去；那天，摩西在燃燒的荊棘中向神下拜，問神該怎樣稱呼那位差他到色列人中的神的名字。神當時的回答是：「我是自有永有的；又説：你要對以色列人這樣説：那自有的打發我到你們這裡來。……耶和華是我的名，直到永遠；這也是我的記念，直到萬代」（出埃及記 3:14–15）。從那時起，神的名字變成耶和華（Jehovah），這字與希伯來文「我是」同一字根，意思亦一樣。

因此，當主耶穌向猶太人吐出這個字時，祂是以挑戰的態度宣告，祂就是《舊約》中偉大的「我是自有永有的」，猶太人全都曉得，「我是自有永有的」就是與他們列祖立約的神。耶穌更進一步説，他們永恆的命運，在乎是否接受祂就是這位神，因為祂説：「你們若不信我是基督，必要死在罪中」（約翰福音 8:24）。*

耶和華這大名的意思——即「我是」——是耶穌的自稱，其

---

* 「祂」一字在英皇欽訂本（King James Version）以斜體印成，表明並未出現在希臘文中，因此可以省略。這使「我是自有的」（I am）更鮮明。

中包含雙重意義。第一，表明祂是永存的一位，祂置身時間以外，在祂沒有過去，也沒有未來；在祂而言，一切都是現在的。顯然這就是那奇怪的混合時態所指的第一個意思：「還沒有亞伯拉罕就有了我」（Before Abraham was, I AM）。這也解釋了「永恆」一詞的意思：永恆不僅是漫長的時間，更完完全全是另一領域，在那領域中，一切事物都存在於榮耀的當下。有見及此，法文《聖經》總是把耶和華的名字翻譯為「永恆的那位」（L'Eternel）。

永恆者之於我們，就好比讀者之於讀本中的事件。讀本中的故事依時間次序寫成，一頁一頁翻下去，某些事件回到昔日，某些來到現在，另一些則仍在未來。然而讀者本身卻完全身處另一個領域，在他而言，隨意翻到任何一頁，書中發生的事件都是當下的，就在閱讀的當刻發生。這是對主耶穌、永恆的那位、那自有的一種何等的透視！對耶穌來說，我們生命中的過去和未來都是當下的，我們的昨日和明天在祂都是「此時此刻」。

然而，更重要的是，耶和華這名字的使用，差不多全都是在祂與以色列人立約時用的。對於外邦的列國，祂只不過是神。可是對於與祂訂立特別盟約的選民來說，祂永遠是耶和華。[†] 神曉諭摩西時，清楚表明了祂故意賦予這名字特別重要的意義：「我是耶和華。我從前向亞伯拉罕、以撒、雅各顯現為全能的神；至於我名耶和華，他們未曾知道」（出埃及記 6:2–3）。神顯然有意藉著這名字傳遞嶄新寶貴的啟示，那是甚麼啟示呢？

這名字要傳達的特別啟示，就是神的恩典。「我是」是一句未完的句子，也沒有賓語。我是甚麼？我們繼續讀《聖經》時，會驚奇地發現祂是這樣說的：「我的子民需要甚麼，我就是甚麼」，人可以在那空白填上許多各種需要；只要把需要提出來，

[†] 可惜的是，英皇欽訂本在翻譯時多數以含混的「主」（Lord）一字代替了「耶和華」，這無疑是來自猶太人不敢直寫耶和華名字的傳統。然而，這版本每當出現耶和華時，其「主」（LORD）字俱以大楷表達，也能有助我們明白原文的意思。他們把「神」一字也寫成大楷（GOD），也是同樣道理。請留意。

事就成了！

　　除了配合人的需要，神的大名也有在圓圈中繞圈的情況：「我是自有永有的」（I Am that I Am），意思就是神不可理解。人的需要和痛苦出現時，神便會成為人的需要。這動詞終於有賓語了，句子也完整了，神也被啟示出來和為人所知了。缺少平安嗎？祂說：「我是你們的平安。」缺少力量嗎？祂說：「我是你們的力量。」缺少屬靈生命嗎？「我是你們的生命。」缺少智慧嗎？「我是你們的智慧」，等等。

　　「耶和華」這名字就像空白的支票，有甚麼需要，就可以用「信心」寫在支票上，使之兌現。不是人苦苦哀求神，要求得到這權利，而是神硬把這權利塞到人手中，是祂要求人提出要求。「向來你們沒有奉我的名求什麼，如今你們求，就必得著，叫你們的喜樂可以滿足」（約翰福音 16:24）。

　　正如水永遠往下流，往地之最低處流，才能填滿低窪，耶和華永遠也要找出人的需要，使之得到滿足。哪裏有需要，哪裏就有神。哪裏有憂愁、不幸、不快樂、苦難、迷惘、荒唐、壓迫，就有那「我是」；只要人願意，祂渴望使人的痛苦變為祝福。所以，不是飢餓的人尋找食物，而是食物尋找飢餓的人；不是憂傷的人尋找喜樂，乃是喜樂尋找憂傷者；不是空虛尋找豐盛，乃是豐盛尋找虛空。祂不單單供應我們的需要，祂自己更成為了我們的需要，滿足我們。「我的民需要甚麼，我就是甚麼」，神永遠是如此。

　　這恩典叫人何等驚奇！祂為何要這樣做？我們對祂能作甚麼要求嗎？縱是墮落以前，人也不會對神這樣要求，更不要說後來悖逆墮落的人了，何況墮落後人大多的需要和痛苦，都是自身犯罪的後果！不過恩典就是如此，神就是如此。

　　就本質而言，恩典總被需要吸引。在神沒有甚麼是額外，後加的，這是祂啟示自己的方式。在我們的需要以外，祂同是「我是」；正如祂容許自己滿足我們的需要那樣，我們看見祂，真正

的祂。這解釋了為何單憑學術上的認知，永遠看不見祂、認識不了祂。非得帶著需要到祂面前，「你們就知道我是『耶和華』」。

有時在《舊約》中，這張空白支票上早已簽署了「耶和華」的名字，藉以鼓勵我們在有需要時，自己把需要填上去。我們不時看見耶和華的名字，與其他字組合同用，與某個特定場合配成完整的名字。有一次以色列人需要旌旗來重振低落的士氣，使他們在曠野漂流時，能打敗敵對勢力。他們發現耶和華神正是他們所需要的，他們打敗亞瑪力人後築了一座壇，取名為耶和華尼西，意思就是「耶和華是我旌旗」（出埃及記 17:15）。那場仗不僅是他們的爭戰，也是耶和華的爭戰。

另一處基甸因面對面看見了耶和華的使者，擔憂自己的性命安全。耶和華對他說：「你放心，不要懼怕，你必不至死。」他看見耶和華是平安，即使對一個如基甸的罪人來說，也是一樣。基甸為記念這新的啟示，為耶和華築了一座壇，起名叫「耶和華沙龍」，意思是「耶和華賜平安」（士師記 6:24）。

在另一處耶利米提及將要來臨的彌賽亞，「在祂的日子，猶大必得救，以色列也安然居住。祂的名必稱為耶和華——我們的義」（耶利米書 23:6）。以色列必得救和安然居住，因為耶和華必支持他們，回應每個對他們的控訴，成為他們的保證和公義。

接下來共有七個美妙的耶和華複合名字 ‡ 在《舊約》七個地方出現，「我是自有永有的」為我們填在這張空白支票上，勉勵我們。研究這些複合名字多麼令人興奮！然而這題目超出了這本小書的範圍，我們的目的是把焦點集中在耶穌這至高無上的耶和華複合名稱上，耶穌可以寫成為「JE–SUS」，這似乎是

‡ 餘下四個為：創世記 22:14（耶和華以勒——耶和華必預備）；出埃及記 15:26（耶和華拉法——耶和華是醫治你的）；詩篇 23:1（耶和華拉阿——耶和華是我的牧者）；以西結書 48:35（耶和華沙瑪——耶和華的所在）。在英皇欽訂本中，有些複合名字沒有提供希伯來名字，只有英文翻譯的意思。

「JehovahSus」§ 的縮寫，意思是「我是你的拯救」。

若耶和華的意思是「我就是你需要的」，或遲或早，祂必須承擔我們作「罪人」的基本需求。這樣，我們便要被祂公平的神聖法律審判，在自己選擇的「遠方」中痛苦憔悴。¶ 耶和華複合名字啓示祂要滿足一切的需要，卻沒有一個名字，説到祂要滿足作罪人之子民的需要。在耶穌裏，耶和華——沒有辯解，也不顧自己的權利，承擔了祂作罪人之子民的需要。

事實上，祂可以不用差派耶穌去承擔祂子民的其他需要。祂在《舊約》沒有差派耶穌，在我們的時代，也同樣可以不差派祂。可是，念及祂「作罪人」的子民的需要——祂就非要耶穌來不可了，此外別無他法；沒有更好的方法足以支付罪的代價。神沒有顧惜耶穌，祂是如此愛我們，所以差派耶穌——祂榮耀的光輝，彰顯祂位格的形象——祂灑寶血，為我們的罪作出圓滿的救贖；祂作復活的救主，繼續滿足祂「作罪人」的子民，因為作罪人的子民的需要會不斷湧現，直到我們到達天家門口，才會停止。

我們不但可以說，哪裏有「需要」，哪裏就有神；而且哪裏有「罪」，哪裏就有「耶穌」，那是多麼的美妙。然而，需要並非總含著責備，我們可以理解，神會被人性的需要感動和吸引。不過，在審判的時候，吸引祂的，「必然」不是人的罪。但事實也「不是」這樣——正因為神是神，耶穌是耶穌，恩典是恩典，榮耀的真理表明的，就是哪裏有罪，哪裏就必然有「耶穌」——祂要赦免罪，並修復罪造成的破壞。祂對人的失敗並不感到震

§ 「耶穌」這名字是希伯來文「耶何書亞」的希臘文表達方式。首字母「耶」（Je）是「耶和華」的縮寫，後面相連的希伯來名字，意思是「拯救」，全名的意思是「耶和華是我的拯救」。約書亞是耶何書亞的進一步縮寫。因此，耶何書亞、約書亞、耶穌，有相同的意思，前二者是希伯來文，後者是希臘文。這也解釋了為何在英皇欽訂本的《希伯來書》4:8中，約書亞被稱為耶穌。

¶ 譯按：作者此處用了《路加福音》15:13 小兒子要求父親分家業後「把他一切所有的都收拾起來，往『遠方』去了」的典故。

驚,相反地,祂熟知此事,被人的失敗吸引,也曉得如何處理,因為祂自己和祂的血就是這一切的答案!

因此,每當我們念及耶穌,必須想到祂的降臨,祂來,是因為我們的無惡不作迫使祂來。對我們的罪,祂是第一個答案,也是最後一個答案。不過神使祂成為罪的答案時,也使祂成為其他(包括屬靈、道德、物質)需要的答案,因為「神……豈不也把萬物和祂一同白白的賜給我們嗎」(羅馬書 8:3)?因此,耶穌背起了《舊約》中耶和華複合名字的一切意義,這些意義都由最後一個複合名字——耶穌(我是你的拯救)——成全了、蓋過了。

這一切都意味著我們必須視自己為罪人;我們也許已信主多年,但必須這樣看自己,不只在理論的層面,更要在向聖靈具體認罪的層面上這樣看自己。接下來的篇幅,我們會再回到這題目上,因為若不把自己看為罪人,也就看不見耶穌的美,亦看不見為何要渴慕祂(以賽亞書 53:2)。祂除了是罪的答案,再沒有別的意義了。聖奧古斯丁這樣說過:「看自己為罪人,是得救的開端。」我們可以加上:看自己為罪人,才能持續得救。一個已得救多年的非洲人作見證說:「直到那天我從自己的罪中看見耶穌,才發現原來從未見過祂。」

「願見耶穌」是本書的主題。看見祂的意思不單是得到關於祂的知識,更是主觀和經驗上的看見。憑信心看見祂,正正就是「我」這個罪人、失敗者、一無所有的弱者所需要的,並且讓祂在此時此刻滿足我。這樣看見祂不是出於自私,因為祂的本質正是我這個罪人所需要的,祂為此揭示自己,讓我認識祂。

耶穌為我生，
是我一切所需、一切所需；
唯獨祂是我所求，
祂是我一切所需；
智慧、公義、能力，
此時此刻的聖潔，
我的救贖圓滿又確定，
祂是我一切所需。

第四章

看見耶穌——祂就是真理

我們知道了耶穌基督為我們的需要而生，心中無容置疑充滿感激之情。那麼，我們第一個基本需要是甚麼呢？就是「認識真理」——關於自己、關於神的真理。在認識真理之前，我們只活在假象中，對恩典的言語無動於衷；恩典似乎與我們毫不相干。讓真理打破我們對自己和對神的認知，粉碎假象，是基督徒復興的開始，也是對失喪之人的救贖。除非我們在真理中認識自己，又得著應對這挑戰的圓滿答案，否則不能從耶穌的面上看見神的恩典。

「真理」一詞十分重要，在使徒約翰的作品中尤甚，本章將大量引用使徒約翰的話。「真理」是約翰使用的關鍵詞，在他的福音書和三卷書信中，「真理」一詞出現過不少於四十二次。約翰把真理與謊話（魔鬼的謊話）對立起來。他說魔鬼「不守真理，因牠心裏沒有真理。牠說謊是出於自己；因牠本來是說謊的，也是說謊之人的父」（約翰福音 8:44）。看看約翰如何運用這詞，便曉得其意思。這真理不是指基督教的教條內容，而是指誠實、事實、表明事情的真相。

魔鬼最有力的武器之一，是傳播謊言。這是牠支配人叛逆的手段。牠在伊甸園中結下謊言的網，此後一直都沿用此手段。牠向人訛稱作罪人的危險地位：「你們不一定死」（創世記 3:4），牠說：「你不會有事的，不用擔心：吃樹上的果子，不一定會受罰。」牠也向人撒謊誣衊神，扭曲神禁止人吃樹上果子的動機：「因為神知道，你們吃的日子……你們便如神能知道善惡」（創

世記 3:5)。祂的意思是:「祂不想你們像祂一樣成為神,祂要你們伏在祂之下。」魔鬼抬高人、貶抑神。可悲的是,人竟然相信這謊話,並按此而行,最終造成人類墮落的悲劇,這我們都知道了。

魔鬼今天仍編織關於我們的謊言之網。牠跟我們說我們是好人,是委身的基督徒,人生再沒有甚麼可以挑剔的了。牠仍然告訴我們神不是那麼聖潔,也不是毫不妥協的;又或說,神其實不愛我們,不公平對待我們。很悲哀的,我們仍然相信魔鬼,結果看不到真相,活在完全的自我假象中。

可是,斷不能把一切的錯都堆在魔鬼頭上,其實我們心裏早已埋伏了伺機出動的魔鬼盟友。《約翰一書》首章提到,我們以三個步驟建立自我假象的世界。第一步記在第六節:「就是說謊話,不行真理。」換句話說,我們製造一種沒有反映事實的自我形象。即使我們並不真的說謊,也在弄虛作假。也許我們當中,有些人帶著面具裝假已經很多年了,很少人會思想:「凡作惡的便恨光,並不來就光,恐怕他的行為受責備」(約翰福音 3:20)。我們要躲躲藏藏的事,還多著呢。

建立自我假象世界的第二步在第八節,有話說:「我們……是自欺,真理不在我們心裏了。」這裏所指的,是我們裝假太久了,相信了自己的謊話。先是欺騙別人,最終欺騙自己,最後,相信表現出來的自我,是真正的自我。我們幾乎肯定自己「從來沒有傷害過任何人」,也不像別人那樣嫉妒、驕傲,我們真誠地獻身給上主。法利賽人感謝神不像其他人,誠心認為自己說的是實話。然而,他卻像其他人一樣貪婪、不義、不貞,只是他的心欺騙了他,法利賽人也活在自我假象中,像我們一樣。

第三步在第十節:「以神為說謊的。」神把我們的罪和本相給我們看,我們自然地說:「主啊,不是這樣的。」我們認為神錯了,錯怪了我們。當然,所有人在理論上都承認自己是罪人,可是當神臨近,不管是藉著信息或朋友憑信心勸諫,顯明我們

的心是「比萬物都詭詐，壞到極處」（耶利米書 17:9），我們卻無法看見真相。無論如何，當神說我們犯了罪，我們卻說沒有，我們就以神為說謊的。這是盲目的終局，落到這種境況，神再也不能為我們做甚麼。我們不僅與神疏離，和自己也疏離了。顯然最首先和最基本的需要，就是要認識自己，認清神看見的事實。

⚜

在這裏我們看到，耶穌基督為我們的需要而生，因為祂說：「我就是……真理」（約翰福音 14:6）。在靈裏的經驗中，這是祂的首個「我是」，我們要走的第一步，就是願意看見自己完全的本相，認識在耶穌基督裏顯明出來的神。

重要的是，我們必須明白耶穌基督在這裏不是說祂僅僅教導我們真理，彷彿真理外在於祂；事實上，祂自己就是真理。因此，真正看見祂就是看見真理。假若有人問我們：「我們在何處可以看見耶穌就是真理？」我們可以回答說：「最主要就在加略山的十字架上。」在那裏我們看見罪、人、和人必須面對之神的裸全真相。顯露神對人最豐盛、最甜美之恩典的一幕，正是揭示人最真實面的一幕。若恩典從加略山流下，真理也一樣，因為「恩典和真理都是由耶穌基督來的」（約翰福音 1:17）。

讓我們在這點上再說明一下。只有看見醫生的憂慮，以及他採取的極端醫治方法，病人才會恍然察覺自己病情的嚴重。一個犯了法卻未被揭發的人，看見別人因犯同樣的法而被判重刑，才曉得法律對他的罪行看得有多重。浪子只有看見母親所受的痛苦和折磨，才會曉得自己所作所為的真正含義。

同樣地，耶穌在十字架上說：「看見我為你忍受的羞辱，你便知道自己的境況了。」若聖者取代我們，背負我們的罪，被父神責罰，祂受苦時尚且被神丟棄了，我們在審判中該當承受何等嚴厲的責罰！

《聖經》說，祂「成為罪身的形狀」（羅馬書 8:3），意思就是祂成了我們的肖像（effigy）。祂既成了肖像，在那一刻必須喊叫著說：「我的神，我的神，為甚麼離棄我」（馬太福音 27:46）？神看見我們是甚麼呢？明顯不過，神不是以聖子為聖子離棄祂，神把聖子看作「我們」而離棄祂，因祂披戴了我們罪身的形狀。做在肖像身上的事，一般都會被理解為做在他所代表的人身上。在神的震怒下受苦的肖像，其實是我們——不論是最好的我們，抑或是最差的我們。不管是基督徒或是非基督徒，坦然地展現在眾人眼前的，就是我們赤裸裸的真相。假若我不能從別處看見神如何判斷人，在耶穌那裏可以看見。實在的，使人痛苦、叫人謙卑的真理，都隨耶穌基督而來，這真理足以粉碎我們對自己抱有所有的虛浮假象。

然而，不但有關我們本相的真理隨耶穌基督而來，有關神和祂對我們愛的真理，亦隨祂而來。若我們自己來處理，我們帶著罪疚的良知只會告訴我們，神與我們為敵，祂是拿著刑杖的神。我們只會把祂看為設立道德標準的神，而且標準都高得不可能達到，因此，在我們失敗時必然受責備。我們斷乎不會被這樣的神吸引。可是主耶穌的十字架揭穿這虛假，向我們展示神的真實。我們不再把祂看為指控我們罪的神（我們以前是這樣以為的），祂反倒是為了我們指控祂兒子的神。「神在基督裏，叫世人與自己和好，『不將他們的過犯歸到他們身上』」（哥林多後書 5:19）。我們當初以為的刑杖，原來是祂伸出來愛的膀臂，召喚我們歸向祂。在耶穌為我們被毀損的臉上，我們看見神沒有與罪人為敵，卻維護罪人，祂不是人的敵人，而是人的朋友；祂在基督裏沒有設立又新又難的標準，而是把寬恕、平安、新生命，給予所有在標準下都失敗的人。「律法本是藉著摩西傳的；恩典和真理都是由耶穌基督來的。」一位作者稱之為「十字架叫人驚奇的慷慨。」十字架不但使我們充滿罪疚的良知驚奇，更融化我們、吸引我們、激勵我們在誠實和悔過中向祂回轉，因為我們知道，等待我們的只有憐憫。

&

《舊約》豐富地以禮儀和歷史闡釋屬靈真理。事實上，很多禮儀的制訂都只是用來解說後來《新約》的真理。我們不要以為採納和引用這些例子是稀奇的事，因為《新約》本身也多番引用《舊約》。

《新約》用過《舊約》一個例子向我們介紹主耶穌，記載在《希伯來書》13:11–13：「原來牲畜的血被大祭司帶入聖所作贖罪祭；牲畜的身子被燒在營外。所以，耶穌要用自己的血叫百姓成聖，也就在城門外受苦。這樣，我們也當出到營外，就了他去，忍受他所受的凌辱。」

對希伯來基督徒而言，使徒保羅所寫「營外」這幅圖畫帶有甚麼意義？他們會回想到昔日本國在曠野的情況，彷彿看到壯觀齊整的營舍，至聖所就在其中。在行行並列的陣營中，遠處四野無人之境，就是人所共知的「營外」，他們腦中會將這地方跟某類別的人聯想在一起。

營外就是外邦人居住的地方，他們「在以色列國民以外，在所應許的諸約上是局外人」（以弗所書 2:12）。外邦人一般不會被允許住在營地內。同時住在營外的是痲瘋病患者。由於痲瘋病具傳染性，十分可怕，患者被隔離在營外，自生自滅，了無生趣。該處也是違法者和罪犯受刑的幽靈之地。按摩西律法，凡犯姦淫、破壞安息日、拜偶像、殺人者，都要被石頭處死，刑場正是營外。

無論如何，使徒藉這一段經文告訴我們，那地方也許是最使人毛骨悚然的地方。作贖罪祭牲畜的血被灑在聖所裏，牲畜的屍體被堆成廢堆，在營外焚燒。獻祭者的罪象徵性地歸在牲畜的屍體上，一同被燒燬，罪被咒詛，在神和人都成了可憎的。日復一日，營外燒煙不斷，惡臭瀰漫。

總之，營外不是心曠神怡的地方。那地方屬於外邦人、痲

瘋病人、罪犯、被罪咒詛的廢堆——人人避之則吉。然而《聖經》告訴我們，主耶穌要前往的，正是含有營外屬靈意義的地方，祂在那裏背起祂的十字架，以自己的血潔淨祂的子民。祂被釘的地方的名字荒涼冰冷，使人聯想起古時的營外——「髑髏地」（馬太福音 27:33）。可是福音書告訴我們，祂去的地方實際上是我們要去的地方，我們常油腔滑調地說：「祂代替了我！」可是當想到祂實際上代替了我們，我們便心神震驚，因為那時我們才看見，我們真正要去的是甚麼地方，才看見我們在神面前原來是怎樣的人。

首先，祂代替我們去了祂從未到過的地方——被離棄之地，就連祂的父也離棄祂。祂身懸十架喊著說：「我的神，我的神，為甚麼離棄我？」罪開始出現時，是罪人離棄神，可是在終極的刑罰中，神卻離棄罪人，那裏就是地獄。耶穌被釘十架時，祂去的正是那裏，是神離棄祂的地方。祂這樣做，因為那本是我們的位置。我們的咒詛，祂替我們背負了；祂也忍受了神的離棄，那原本也屬於我們。這一切背後的邏輯，就是不能倖免，假如祂代替我們的時候神尚且離棄祂，我們在神面前又怎能站得住腳？從十架照下來的真理之光，是如何反照出我們在神面前的可怕光景！

那時，祂取代我們，成了道德上的痲瘋病人，彷彿祂真的患病。事實上，《聖經》也是這樣推斷：「我們卻以為他受責罰，被神擊打苦待了」（以賽亞書 53:4）。希伯來學者提出「被擊打」一詞含有痲瘋病災害的意思。整部《聖經》都以痲瘋病來描繪罪。痲瘋是一種很微妙的病症，初發病時病徵溫和，最後卻似洪水猛獸，使見者討厭，陷患者於死地。罪起初在我們生命出現時，看起來也是微不足道；可是積累下來，也絕頂惹神和人討厭，使罪人永遠和神隔絕。當我們說某人是「道德上的痲瘋病患者」，那是何等輕蔑的說法！主耶穌就是如此甘心代替我們——成為道德上的痲瘋病患者，惹神憎厭。你會問：祂為何要如此降卑？答案就是，我們在祂眼中正是如此，倘若祂要救我們，

祂必須取代我們的位置。因此，耶穌彷如道德上的癩瘋病患者，在營外身懸十架，這正是對我光景的宣告。縱使我最初不知道耶穌是取代我的位置，當我細心思量，我也會漸漸明白。今天，許多不潔、不道德、墮落仍污染無數生命，這一切仍然被小心翼翼地隱藏起來！可是，耶穌代替我們承受的，卻公開地在十字架上向世人宣告！雖然我們可能認為這些道德問題在別人身上出現，卻未必同樣在我們身上出現，然而，加略山的十架卻宣告，我們在母腹時，這一切在本質上已在我們裏面。

耶穌去的那地方，屬靈含義是罪犯被石頭打死之處。猶太人對彼拉多說：「這人若不是作惡的，我們就不把他交給你」（約翰福音 18:30）。耶穌不是死在床上（雖然這沒有甚麼可恥的）；祂死在十字架上，而十字架是刑罰，是奇恥大辱，因為那是為罪犯而設的。祂的兩邊同是罪犯，眾人也認為祂必定是罪犯。他們「以為他受責罰，被神擊打苦待了」，祂必定做了一些事情，以致祂「好像被人掩面不看的一樣。」不過，使人驚訝的是，祂從未糾正他們。我們會為自己辯解，不過祂從來沒有說過：「求求你們，請別以為我在這裏是因為我做了甚麼事——我之所以在這裏，是因為別人的罪啊！」相反的，祂保持緘默。祂情願他們相信祂是罪犯。祂願意「被列在罪犯之中」（以賽亞書 53:12），以罪犯的身份受死，因為祂看見那原是我們該受的，就願意代替我們。《聖經》確切地告訴我們，我們眾人在本質上在神眼中都是罪犯。「凡恨他弟兄的，就是殺人的」（約翰一書 3:15）。凡不以真愛心對弟兄的就是恨他，而恨人就是殺人。我們又讀到：「凡看見婦女就動淫念的，這人心裏已經與他犯姦淫了」（馬太福音 5:28）。神說，淫念在祂眼中就是實質的行為。縱然《聖經》的話不是針對我們而說，我們仍曉得那些話都是對的，我們的罪在世界面前是明顯的，耶穌為我們死在十字架上，公然說明了這事實。

然而最重要的是，耶穌也像等待被燒為燔祭的牲畜屍體一樣，像被罪咒詛的廢堆，被帶往營外。耶穌為我們懸掛十架的道

德深度，難以筆墨形容。祂死在那裏，如被罪咒詛的廢物，因我們在神眼中，也被視為被罪咒詛的廢物，我們實在無話可說。從祂的聖體，有煙和我們罪的惡臭升起。也許別人認為你我是熱心虔誠的基督徒，可是在十字架前，我們都必須承認，我們壓根兒不是那樣。在加略山上，那赤裸裸的事實總是從十架上盯著我們看，挑戰我們放棄裝模作樣，面對事實。十字架向我們顯明的就是如此真相。十架不單反照出我們以前的模樣，亦反照出我們現在離了祂的樣子。不管我們做了基督徒多久，也不管我們自以為有多成熟，十字架今天仍可以照出我們新的罪。罪就像八爪魚一樣，觸鬚無遠弗屆，並有千條性命，萬種形態，更能不斷改變形狀，避過追捕。假如我們也看到罪微妙的形態，又見證耶穌的大能會把我們從罪中救拔出來，那麼，我們每天都要這樣祈禱：

> 在你受死的十架上，
> 使我繼續破碎，使我不斷警醒

　　因為只有在加略山，我們才知道自己作罪人的需要，因此，我們需要耶穌。

♪

　　對於這一切關於神和我們自己的啟示，我們有何回應？神要求我們的回應，有別於我們一般所想的，正如我們在《約翰福音》3:20 看到的。經文開始時說：「作惡的便恨光，並不來就光，恐怕他的行為受責備。」這就是說，當我們隱藏罪，我們會避開光——避開一切把我們暴露出來的事情。經文繼續說：「但行真理的必來就光，要顯明他所行的是靠神而行。」

　　我們可能會以為，假如經文這樣說：「『作惡』的便恨光」，進一步，即是說「『為善』的便來就光。」作惡的相反當然是為善。可是要對比的不在此處。神說的是「行真理的」必來就光。神讓我們看見作惡的另一個選擇不是為善，而是行真理；誠實地對待我們的邪惡。祂沒有要求我們在作惡後首先竭力行善，不

用我們在無情時變為仁義；在挑剔時變為友善。神沒有說我們不用悔改、不用清潔的良心、心裏不需要有平安，就能夠為善。神第一個要求是真理，即是完全真誠無偽的悔改，並承認所犯的罪。

這把我們帶到耶穌的十架前，請求寬恕，並且（若有需要的話）把我們帶到可能得罪過的人面前，尋求原諒。對自己謙卑真誠，我們就會在神和人之中找到平安，能重新找到耶穌，抓住祂已成就的工作，就是在十架上成就的工作，這是前所未有的。完全的誠實——為我們的罪「行真理」，能藉著基督的血把我們納入與神與人的正確關係中，這是世人所講的「為善」辦不到的。

今天，讓我們歡迎耶穌作為真理。從祂給你展示的第一件事開始，也許甚至就在你讀到這裡的時候，此刻浮現在你腦海裏的這件事。向光順服的獎賞，就是更多光照向你將要犯的罪中。祂不會一次過給我們全看到自己，我們會承受不了。祂會循序漸進地給我們看見，只要我們每次遵行一點點真理，祂便會向我們更多揭示自己。

此外，那宣告沉痛真理的十字架，也是罪的補償，十字架給我們願意的心回應其診斷。若我知道有一種絕無錯誤的治療，能治好某種疾病，那麼就算我身患此疾，也能承受打擊。只要我曉得有洗淨罪惡和不潔的泉水，我就能面對照見自己和我罪的光。奇妙的是，當我們因主耶穌是真理而愛祂，我們會發現祂在那關係中的寶貴，一如其他關係對我們寶貴。我們因自己那黑暗、欺騙的心，才害怕這真理。祂不要我們因為祂是真理而怕祂，反倒要我們歡迎祂。祂賜給我們聖靈，三次稱祂為「真理的聖靈」，祂「使我們進入真理」，我們可以安心拉著祂的手，說：「主啊，讓我看見你所看見的，以及所有你要「我」看見的。我會接受，不會自辯或反駁。若是你說的，我就知道那是真的了。」

第五章

看見耶穌——祂就是門

主耶穌是令人敬畏的真理，祂反照我們的真我和罪，令我們預備好去進一步看見祂，那就是聖靈長久以來渴望顯給悔改之心看見的：主耶穌是「門」的真理。

一顆悔改的心看到「自己」的樣子，必定產生與聖者完全隔絕的感覺。若我們一直都在這狀態中，對罪盲目已久，艱怪覺得神似乎離我們很遠，艱怪我們的心如此冰冷，侍奉如此艱難，毫無果效。要找出導致團契冷淡，教會死寂的原因，無須從遠處著手。一個人自知軟弱，曉得因其罪而被隔絕，他會這樣問：心思變得如此的人，是否可以從別的途徑接近神？

主耶穌向我們呈現的自己，正是我們所需要的；祂以另一個重要的「我是」與我們對質，說：「我就是門；凡從我進來的，必然得救」（約翰福音 10:9）。 倘若被欺騙的人需要看見真理，那麼，被隔絕的人需要找到一扇門；耶穌正好同是受騙者的真理，也是被隔絕者的門。祂是通往復興之門，也是給基督徒預備的所有祝福，因為祂是失喪者通往拯救的門，也是讓最軟弱者、最失敗者容易進入的門，就是最聖潔的人也一樣需要通過這扇門。

主耶穌說自己是門這事實，假設了在那裏有一堵牆、一道障礙，把我們與神隔絕。事實確是這樣。我們誰沒有這體會呢？這牆阻擋我們熱心的道德追求，挫敗我們的決心。祈禱時，牆在那裏；尋求神幫助時，牆也在那裏。我們對神的敬拜，永遠都隔著一段距離。只有那些從沒有認真尋求過神的人，才以為

43

障礙不存在。

聖經告訴我們這障礙的本質，就是把人和神隔絕的罪（以賽亞書 59:2）。罪的意思，是自我中心的態度；我們都離開神，偏行己路，隨之而來就是許多的悖逆行為。我們「過於跟隨自己心裏的計算和慾望」，以致「違背了祂神聖的法則」。罪往往在我們和神之間築起一堵牆。

這堵牆並非一開始就在那裏，而是在第一次悖逆行為發生後才被豎起。因為人只有那時才要躲避神，只有那時神才因公義，設置基路伯和發火燄的劍把守生命樹（創世記 3:24）。從那時起，亞當的子孫都生在火燄劍的另一邊，生在與神隔絕的「營外」，「營外」就是第一個浪子；眾浪子之父進入的地方。人停留於此，直至看見神為他們預備的那扇門。

有一次我參加近年在英國舉行的大型學園傳道會聚會後，在輔導室跟一位女士談話。她告訴我她剛才走到台上，是因為她十六歲的兒子也走上去了。我說：「但是妳自己怎麼想呢？」她回答說：「啊，我一直都是基督徒。」她說這話的一刻，我便知道她從未成為基督徒。因為沒有人「一直都是基督徒」，相反，我們一直是罪人，因罪與神隔絕，直到被神聖的恩典救贖，才與神和好。僅以人文宗教思想，不能復修我們與神之間的關係。

不要以為罪的隔絕力量只影響從不認識基督的人。最初藉著那扇門回歸到神那裏的人都深知道，那堵罪的牆仍矗立在人的靈魂和神之間。雖然我們從原罪的「營外」回歸了，罪仍可以用巧妙的方式進入，結果，我們發現自己身處另一個「營外」之地──罪以小規模但卻真實的方式進來了：那就是妒忌、憎恨、自憐、跟世界妥協的「營外」。那裏常發生「大飢荒」（路加福音 15:14），正如浪子所經歷的，我們開始感到缺乏。「人飢餓非因無餅，乾渴非因無水，乃因不聽耶和華的話」（阿摩司書 8:11）。

我們中間誰不知道自己向著主的心有多冷？《聖經》變得

死氣沉沉；罪在我們和神中間矗起阻礙，令生命落入累累的失敗中。我們不是說，在神裏初生的孩子被罪勝過時，會失去神家中的位置，只是說他會失去和天父的親密關係，在悔改之前，他會打從心裏感到極其飢餓。

然而，在飢餓狀態中，基督徒對真正的罪或使自己與神分隔的罪，總是視而不見，因此只會嘗試處理飢餓本身，而不去處理飢餓的成因。他可能決心更多禱告，更忠心侍奉神。或者會像浪子一樣「去投靠那地方的一個人」（路加福音 15:15），希望藉著與世界結盟，把少許歡樂帶進全無喜樂的心中。所有努力都是徒然的，神最後會使用此經驗告訴他，必須處理的是「罪」，神亦要告訴他那罪是甚麼。

然而，儘管知道了是甚麼罪把他與神隔絕，他也只會常糾纏於如何不再犯罪這問題上，而不是回到神那裏得平安。老實說，那個時候作此考慮是太遲了，因為罪已進來，造成傷害。縱使我們「得勝了」，永遠不重蹈覆轍，可是，罪的存在，不會帶回安息喜樂。顯然，我們在「營外」時，只說說「耶穌能滿足我」是沒用的。安息、喜樂、滿滿的祝福，都只有留侍我們回到父家時才能得到。

我們在掙扎著不知如何回家；如何跨過罪帶來的許多阻礙。若我們知曉回家的路，必然喜樂不已。罪雖然仍會進來，但不會令心靈絕望死寂，罪不能擊倒我們，因為我們確知如何再次得到自由喜樂，隨時支取。我們真正的需要，就是看見一扇門。

這正是主耶穌再次切合我們之處。祂對向祂求問、請祂指引走向那扇門的心實實在在的說：「你若認識我，你也應該認識那扇門。看見我的人，也必看見那門。我就是門，若不藉著我，沒有人能得救。」耶穌不僅指示門的位置，祂更指示祂自己就是那門。

對於那仍然背向著祂的浪子世界，神賜下了一份極貴重的愛之禮物，就是通往平安滿足，永不使人失望的門，我們只要

轉過身來，便會看見祂站在近處，伸手可及。這扇門就是祂，不需要走上前門的台階，也不用走長長的梯級才能到達，只要來到祂面前，便能從一個屬靈狀況過渡到另一個狀況，因為祂自己既是我們需要的祝福，也是進到祝福的那扇門。在耳熟能詳的詩歌中，也有把祂描繪為那扇門的：

> 我從捆綁、痛苦、黑夜出來，
> 耶穌，我來了！耶穌，我來了！
> 在祢的自由、歡欣、亮光中，
> 耶穌，我來就祢！

這幅圖畫勾畫了基督福音的基礎。福音不是呼召我們嘗試「活像」基督，乃是要我們「透過」基督去活。呈現在我們面前的是一扇門，不是模範。我們一再發現保羅書信常強調這句話：「在我們的主基督耶穌裏」（羅馬書 6:23 及類似的經節）或與之相同意思的句子。保羅每次提及神賜下的祝福或美好經歷時，無不趕緊加上「在我們的主基督耶穌裏」這句話。老實說，使人愉悅的園子或漂亮的房子，若沒有閘口或大門，又如何進去呢？

沮喪的基督徒經常提問：「與神有美好的團契的確很好，但像我這樣的人，如何能做到呢？我不斷嘗試，還是達不到。」耶穌欣然告訴我們：「我就是你到達那裏的途徑！『我』就是那扇門。」沒有甚麼祝福是神不賜給我們的，不管是救贖、得勝、平安、復興，神已通過祂的兒子，為我們預備一扇容易進入的門，讓我們輕易進入，得著祝福。

§

倘若我們真的把主耶穌看為門，並且經驗這門帶來的祝福，便必須明白此身分的四個重點。

第一，必須把耶穌看為一扇「敞開」的門，且是完全敞開的門！我們很容易看錯了，有時候把耶穌看為不過是設立標準的人，負責勾畫責任，我們達不到標準，祂就譴責我們。要是

這樣，祂只不過是另一個摩西罷了，只會令我們絕望；縱使祂是一扇門，也只不過是一扇關閉的門。可是，這不是從天上而來的耶穌。「律法本是藉著摩西傳的」，判斷所有人有罪；可是「恩典和真理都是由耶穌基督來的」（約翰福音 1:17）。

假如恩典是神給不配之人的美善，這就表明耶穌是罪人得以進入的一扇開放的門。門開啟的一刻，正是祂身懸十架，在勝利中呼喊「『成了』之時：之後，祂便低下頭，將靈魂交付神了」（約翰福音 19:30）。

分隔至聖所和聖殿其他部份的幔子，多個世紀以來懸垂在那裏，那一刻，幔子彷彿要清楚證明十字架上成就的事，從上到下裂開，宣告人和神隔絕的罪之障礙打破了，也宣告為罪人而設的門打開了。趕快「因耶穌的血得以坦然進入至聖所，是藉著祂給我們開了一條又新又活的路」，因為耶穌基督的血告訴我們，所有對罪的審判，已在十字架上了結。當我們真的看見這事實，縱是最自責的人，也能鼓起勇氣進前來。

這意味著人和神之間再沒有任何障礙了。看似是障礙的一切——人的冷淡、不信、諸如此類的罪——已成了使人得以進入這門的資格，只要人肯承認自己的罪，就能進入，因為那門正是為罪人預備的。無人能壓抑或征服這障礙，但是，我們能把障礙判定為罪，並把罪交予耶穌。這樣，看似是隔絕一切的牆，在祂裏面都成了開啟的門，我們就進到平安中，與神契合。

第二，需要看見這門開在「臨街之處」，即是說，門在失敗者處於「失敗的狀態」的時候，向失敗者打開，而不只是在人稍有所成時，門才出現。《新約》中的猶太人相信，只要外邦人也行割禮；成為猶太人，救恩就屬於他們。猶太不能相信，也不會相信若外邦人仍然「作外邦人」，完全不變成猶太人的話，仍能得到救恩。這爭論纏繞保羅一生。他一直堅持外邦人可以守住外邦人的身份得救，正如罪人就是罪人一樣，他們不靠別的，只靠耶穌基督的寶血（加拉太書 2:14–16 等）。換句話說，保

羅堅持把基督看作那扇「臨街」敞開的門。

　　基督徒不會認為回到託付給保羅的福音是「不智慧」的＊，至少理論上是這樣。可是，當我們念及自己內心深處的需要和曾面對的失敗，祈求被神使用，求神復興我們，其實就是把那扇門放在高於臨街的位置。我們本能地覺得，失敗者不能以失敗者的身份接受祝福。只有努力做個更好的基督徒，祝福才會臨到，因此，我們便竭盡全力，做個更好的基督徒。就是這樣，我們成功地把那扇門放到不能觸及之處，因為「做好一點」是永遠做不到的。事實是，那扇門總是臨街開放的，與羞恥和失敗在同一水平線上，我們需要的，只是願意承認那就是我們真正的狀況，憑信心走向耶穌。

　　我們有時談及復興的代價，說此話時需要格外謹慎，知道話裏的意思。我們可能把代價說得太高了，以致一般人對復興可望而不可即。或許我們把神的做事方法合理化了，認為祂顯然仍未給予祂子民需要的復興。但這樣對待神是錯的，對祂的教會也太殘忍了。

　　無可置疑，復興要付出代價，可是卻不一定是連連的夙霄祈禱或折騰人的犧牲，復興可以僅是謙卑地認罪。

　　對「復興」而言，那扇門開在臨街之處，就像對救恩和其他的祝福一樣。我們來到祂跟前認罪，便得到「復興」，因為祂自己就是復興，也是通往復興的簡單的門。假如我們堅決主張這裏所描寫的復興，不是廣泛引人注目的復興；不是現今所談論的復興，那麼我們只可以說，這運動的開始，總是由神處理一人開始，此人可作見證。神沒有給我們想要的那種復興，豈不是因為我們不是憑信心，而是憑行為（羅馬書 9:32）去尋求復興，以致錯過了臨街的那扇門麼？我們豈不是期待在他人身上「看見復興」，而不願自己經歷復興，首先承認自己有這需要麼？

_____

＊ 譯按：出於歌羅西書 4:5。

每當有人展現復興的經歷，那被復興的人所談的，並不是復興本身，而是耶穌，這一點重要不重要？

不管我們是「怎樣的人」，也不管我們「身在何處」，基督隨時等候在我們身旁，這是榮耀的真理，神叫罪人容易觸到耶穌。聽聽使徒保羅在這方面的觀點：「惟有出於信心的義如此說：『你不要心裏說：誰要升到天上去呢？（就是要領下基督來；）誰要下到陰間去呢？（就是要領基督從死裏上來。）』祂到底怎麼說呢？祂說：這道離你不遠，正在你口裏，在你心裏。（就是我們所傳信主的道）」（羅馬書 10:6-8）。勉強用力攀到高處，或刻意嘗試把自己貶在深坑中，都是不得其法。只要承認自己的本相，祂的寶血是為罪人「作罪人」時而流的，也是為失敗的聖徒作「失敗的聖徒」時所用的。因此，藉以與祂連繫的話，已在我們口邊，在我們心中──就是認罪的話，信心的話。

接下來，我們必然看見這奇妙的門在十字架上敞開。那是一扇「矮門」，我們必須低下頭，在悔罪中矮身而過。《聖經》一而再地提及「硬頸」的病（若我們要這樣形容），這是形容人自我意志和固執的比喻說法，尤其是當人不肯承認自己做錯事時所犯的病。有時別人的指責使你感到悻悻然，彷彿感到頸項真的硬起來了！當我們的頸項變硬，定意不肯認罪，我們不可能進入那門；只會把頭碰在門楣上。祂為我們的緣故在上字架上垂下頭（約翰福音 19:30），若我們曉得祂寶血的大能洗淨了我們，把我們帶進安息中，我們也當在自我審判和悔罪中低下頭來。

我們很多時候向神悔罪，向人道歉，卻沒有真心審判自己，我們背叛了這樣的事實：我們覺得一次犯錯只是偶而失誤，只是按真實自我的真性情而行罷了。這是怎麼樣的掩眼法！事實是，我們根本不是按真性情而行，而是按那為我們身懸十架的人所宣告的真實形態而行！有時候希望得到別人原諒時會加上這麼一句話：「現在你知道我是怎樣的人了。」我們的頭必須低得貼著塵土，承認自己不比耶穌為我成為的那個人好。

　　這樣的話，我們便真的發現祂是一扇門，也必須明白這門是「一扇窄門」。「引到永生，那門是窄的，路是小的，找著的人也少」（馬太福音 7:14）。起初，通往十字架的路似乎寬闊，大家能一起走。可是，愈發接近悔罪的地方，路便愈窄，沒有足夠空間並肩而行。我們再不能迷失在人群中，其他人都墮後了。最後，來到作門的那一位面前，那裏甚至容不下兩個人。假如要進去，便得獨自站著。悔罪時只可以獨剩你一人，不需要等待別人。

　　可是，我們卻不願意成為悔罪的人。魔鬼告訴我們，站在我們旁邊的人也很不對，魔鬼令我們認為，除非那人先認罪，否則我不願意悔罪。可是，人永不能以這種方法進那門！你必須是悔罪的人，並且要先悔罪，彷彿你是世上唯一的罪人。其他人可能也犯錯，但是你對其他人的錯誤作出的反應（也許是憎恨、批評、不肯寬恕等），也是錯誤的，在神眼中只更可惡。因為「要愛人如己」只是僅次於「你要盡心、盡性、盡意愛主——你的神」（馬太福音 22:37）；你心裏的反應，並不是愛。當我們以罪人的身份進到耶穌跟前，祂從來無負於我們，祂是我們的救主。可是，若我們看不見祂是位真正的救主，看不見祂把我們完全從黑暗失敗中帶進光明自由裏，那是因為我們不願意被破碎，也不願意把自己看為罪人。

§

　　現在我們就能夠看看主在《約翰福音》第十章描繪的最後圖畫，這一次描繪的不是門，而是我們常常忽略的進門方法。耶穌說：「不從門進去，倒從別處爬進去，那人就是賊，就是強盜」（約翰福音 10:1）。

　　這段話的初步解釋是，假師傅裝作牧羊人進入羊欄，目的只是為自己圖利，傷害羊群。然而，這人為偷進羊圈不惜艱苦，慢慢爬牆，從另一個角度看這描述，可看出我們自己也常常這樣做。企圖進入羊圈的人苦苦掙扎著，手指和腳趾抓緊罅隙，

偶爾不慎跌在地上，又必須重新往上爬。在反覆的失敗中，他灰心了，不肯定自己是否有一天能爬上牆頂，進入羊圈。可是，一扇臨街的門總是為他打開，他若不是沒有看見，就是不願意用這扇門。也許是後者吧，因為他總不能我行我素地，以牧羊人身分進入那門，得以進入的唯一方法，就是作一隻存心悔改的羊。

這幅圖畫描繪了我們常在焦慮中，欲求經歷救恩、成聖、復興、祝福時所犯何等嚴重的錯誤！我們不是從那扇門進去，卻掙扎著藉其他途徑爬進去：自我改進、洗心革面、決定作更長時間祈禱、嘗試作更多見證，等等。在我們眼裏，得勝生活的標準在我們之上，我們頗肯定倘若能完成特定的事情，便能與神維持親密的團契，並且被聖靈充滿。可是，往往又因為完成不了希望「完成」的事感到挫敗。很多時候，在我們竭力往上爬的當刻，主耶穌已即時站在那裏，成為一扇門，迎著我們，這門臨街敞開，只要我們願意在祂十字架前低下頭，便可立即走進去。

我們嘗試運用不同手段，不著眼的方法向上爬，其實都只是靠行為得祝福的手段；神已然宣告這等手段永不能使我們進入安息（以弗所書 2:8–9）。

也許有人會問，做上述的事，是否就是錯誤呢？當然不是，因為那些活動是每個基督徒生命中的基礎。可是，假如神當下要求的是悔罪，以上的活動便變得毫無價值了。未被承認的罪損害所有信仰操練，經上甚至有話這樣說：「你們所獻的許多祭物與我何益？……你們的手都滿了殺人的血」（以賽亞書 1:11–15）。可是，人情願把行為獻給神——不管代價何等高——也不願意謙卑認罪。這正是為甚麼人總是想依靠行為；不要低下頭走過那扇門。因此神拒絕以行為作為得救或成聖的方法；因為行為往往只會變成悔罪的替代品。「你本不喜愛祭物，若喜愛，我就獻上……神所要的祭就是憂傷的靈」（詩篇 51:16–17），憂傷的靈總能找到穿過那扇門的路徑。

　　神拒絕讓行為成為得到祝福的途徑的另一個原因，是若靠行為能得到祝福，那麼，基督為我們所作的就白費了（加拉太書 5:4）。保羅說：「義若是藉著律法得的，基督就是徒然死了」（加拉太書 2:21）。我在侍奉中變得愈緊張、愈努力、愈掙扎著靠自己的力量，爬過那因冰冷的心而形成的牆，我就離恩典、神、祂向我敞開的門愈遠。實際上，我是在「建立自己的義」，而不是把自己獻在基督的寶血中，讓罪得潔淨。

　　更甚的是，這種努力永不能生出平安，只會製造絕望，因為我們永遠都會感到爬不上牆頭。在看見耶穌和祂成就的工作時，絕望和重擔始會散去，取而代之的，是釋放、喜樂、對神的讚美。從不願悔罪的掙扎中退下來，進到祂慈愛、刺穿了的雙腳前，轉瞬間，就能靠著信心，進入久久捉摸不到的心靈平安和安息。實在的，看見耶穌就是放下重擔，進入滿足。

第六章

西奈山抑或加略山？

從先前讀過的篇章領悟到，似乎簡單純正是進入那扇門——主耶穌——的方法。然而，撒旦知道我們渴望找到平安自由，特別是當我們被定罪，與神失去接觸時，更是如此，撒旦曉得利用半隱藏的難處困擾我們。所以，在繼續思想進門後往何處去之前，我們必須先停在這一章，嘗試幫助已悔改、尚在門外的人，面對心中經歷的爭戰。

不管何時良知出現罪的意識，就彷彿有兩個人爭奪著，要抓著那悔改的意念：那就是魔鬼和聖靈的爭奪。魔鬼要抓住罪的意識，要把這意識和我們一起帶到西奈山去，在那裏定我們罪，捆綁我們。然而，聖靈卻要把我們和我們的罪帶到加略山，在那裏領我們走進那扇「門」，叫我們藉此獲得平安自由。這兩個地方代表兩個約：第一個約出於「西奈山，生子為奴」（加拉太書 4:24），乃律法之約；另一個約是恩典之約，在加略山上以主耶穌的死為我們成就作實。魔鬼要把我們帶去一處，而聖靈要把我們帶到另一處。這樣看來，情況似乎很簡單，可是實際上魔鬼卻狡獪地假裝聖靈的聲音，目的是使未經教導的基督徒，以為是「神」把他們帶到定罪和捆綁的地方，他必須跟從。

當然，西奈山是神頒下十誡的歷史之地（出埃及記 20 章）。神十次從雲和火中說話，每一次都宣告一項重要道德誡命，命人遵守：「你要」、「你不可」。在那裏頒下的基本律法之約，規範了人和神的關係。簡單地說，就是：「遵行的人因此得生」，「不遵行的必定要死」。這種約是人心最容易理解的，也是人的良知

最容易回應的。在現代生活中，這代表著整個道德制度，每個人都會盡力遵守因應不同途徑去獲得的道德啟迪。

每當良知感到一點挫敗感，魔鬼便立即竭盡所能，把我們帶到律法前，就是我們稱為西奈山的地方，牠的目的，是要以我們在西奈山採納了，卻疏於遵行的標準，控告我們。我們的道德和屬靈標準愈高，魔鬼便愈能作出強烈的控告。牠的名字正正是「晝夜控告我們弟兄的」（啟示錄 12:10）。牠不但在神面前控告我們，也使基督徒控告自己，牠的做法就是指出基督徒遵守不了自己所高舉的律法——不管是真實的律法，還基督徒自己想像的律法，都遵守不了，牠在人心裏製造責難，這正是精神科醫生在神經質病患身上診斷到的「罪疚綜合症」，這狀態也經常出現在精神健康的基督徒身上。這狀態的來源，就是魔鬼，令牠的控告強而有力的，顯然就是律法。因此，我們能明白保羅的話：「罪的權勢就是律法」（哥林多前書 15:56）。

這些控告一般對基督徒有兩種效果，這些效果是魔鬼設立的，正中下懷。「第一個效果」，是使基督徒為自己找藉口。《羅馬書》有這樣一句話：「他們的思念互相較量，或以為是，或以為非」（羅馬書 2:15）。為自己找藉口，強調自身的清白，永遠都是對控告的自然反應；亦正是魔鬼要達到的目的。牠藉著控告，激動我們以自己的義和無辜站在神面前，魔鬼知道——我們也應該知道——在此立場上，我們是站不住腳的。神為罪人所預備的，都包括在一個條件中，就是要「承認自己的本相」。

因此，我們的思緒盤旋，有一半在自我控告，另一半在自找藉口；愈自找藉口，就愈遠離神的恩典平安。這正是約伯的朋友對他控訴造成的效果。他們暗示約伯的試煉，是出於他本身的錯，他們激動約伯強調自己的無辜，因此，約伯認為神伸手攻擊他了。縱使約伯真是正直人，他與神再次和好之前，先要被「破碎」，接納自己罪人的身份。

魔鬼控告的「第二種效果」，是使我們單靠一己之力「掙扎

向上」。牠指出我們的缺失，目的是要我們掙扎，極力補償。牠控告我們祈禱不夠恆切，沒有常為別人的需要向基督祈求，對神的奉獻不夠，不夠謙卑，等等，牠要我們嘗試用一己之力，把這一切做到盡善盡美。在這些控告中，魔鬼的整個目的，就是要我們耗盡己力，真真正正地被捆綁。牠誘使我們「另覓蹊徑」爬牆得祝福，（這是既艱辛又痛苦的，因為那牆是高聳的！）而不進那扇臨街之「門」。魔鬼能夠化成神對我們說話的聲音，牠「本來是說謊的，也是說謊之人的父」（約翰福音 8:44）。牠的控告縱有真理的外表，也是本於神的律法，卻都只是半真理，加倍危險。

我們何等需要分辨魔鬼的聲音，在經驗上認識神如何回答從西奈發出的，抵擋我們的雷聲！這就表明，聖靈已來了。

§

若魔鬼要觸及良知中對罪的意識，聖靈亦然。可是牠的方法與魔鬼大相逕庭：牠把我們的罪，連同我們自己，帶往加略山，到耶穌——那扇「門」——那裏。牠在那裏讓我們看見罪（和許多其他的），都已被主耶穌預見，並因牠死在十字架上，都已一筆勾銷。

不管魔鬼說的是真是假，主耶穌都全為我們解決了。魔鬼能把我們說得一文不值，但這些罪都不能與漫過耶穌身體極度黑暗的罪比擬。在十字架前，最自恨自責的人也能找到赦免、潔淨、安慰。「我們始終是罪人」這說法（也是魔鬼最愛控告我們的）也只是半真理。另一半的真理，是耶穌為我們死了，為我們成就了完全之功，這是魔鬼從未告訴我們的。只有溫柔的聖靈把這真理告訴我們。事實上，「安慰一切悲哀的人」（以賽亞書 61:2）正是聖靈最大的喜悅，就是到了今天，神仍然藉著安慰，在牠裏面給我們對耶穌、牠的血、牠的顯現有新的看法。

信徒真正看見這啟示時，就能發生兩種功效：那是在上文提及過，與撒旦的控告「完全相反」的兩種功效。

「第一」，信徒會坦然認罪、審判自己。若撒旦的控告使他為自己找藉口，為自己的無辜申辯，加略山上啟示出來神的恩典，會使他承認自己的罪。要分辯控訴的真偽並不十分困難；基督的血給予兩種控訴的答案都是一樣的。再者，縱使人在一事上自認無辜，在很多範疇上，無可置疑是有罪的。在任何情況下，在十字架前企圖證明自己有絲毫無辜，都是不應的，因為那位完全公義的，為了人，以完全不公義之身死了。因此，人內心的態度，那顆破碎痛悔的心，在神眼中看來極為寶貴。人採納這態度的一刻，便落在救贖的基礎上，再沒有別的了，就只有神慷慨賜下的恩典。

「第二」，看著加略山和其產生的意義，不但激發信徒坦然認罪，也使人不再自作聰明，用行動企圖修正自己。也許沒有一句經文，能像《以賽亞書》這句經文那樣清楚地表達來到十字架前的果效：「你們得救在乎歸回安息」（以賽亞書 30:15）。《以賽亞書》三十章的背景，是以色列處境嚴峻，敵人正從北方壓境。困局中以色列與其他國家結盟，更差派特使前往埃及求助。以賽亞把這些話放進此場景中：「主說：禍哉！這悖逆的兒女，他們並沒有求問我」。以賽亞宣告「埃及的幫助是徒然無益的」，以色列處身險境的原因，歸根究底，是因為他們離開了主耶和華；因此神使巴比倫大軍壓境，要謙卑他們、潔淨他們。為此，主呼召以色列悔改，回轉歸向祂。以色列民對這要求也許會這樣回答：「向主回轉是好的，但這跟我們被敵人圍困有甚麼相干？」以賽亞會毫不猶豫地回答：「這大有關係，因為你們處理與神之間出了錯的關係時，就是處理你們目前所有問題的根源。」以色列民也許會說：「可是，我們要怎樣面對巴比倫的敵人呢？」以賽亞會這樣回答：「假如你們回轉向主，『你們可以放心』，因為神從不會叫悔改了、在靜默中仰望祂權能恩典的人失望。」這就是「你們得救在乎歸回安息」這句話的背景，和這話對以色列人的意義。

這句話也是對我們說的。回轉、悔罪，我們就能安息，因

為看見耶穌在十字架上，已為我們成就了得救之功。

我們先要為自己的「義」感到安息，在自己和他人眼中，這義因罪，需要悔改的罪，遭受到嚴重打擊。耶穌的寶血早已預見，並解決我們承認的罪，在神面前提供了完備的義，知道在人世間再沒有其他的義，這樣，我們就能安息。

事實上，除非我們在神和人面前，能因這獨一無二的義滿足，我們仍找不到平安。若能滿足，就會從自證為義的徒勞中得安息！此時才能夠說：「假若別人認為我是失敗者，他們說對了，不過，我這個失敗者，卻已藉著祂在十字架上所流的血，找到平安。」我們若能這樣說，就真正的準備好在人前作見證，也終於學會了怎樣靠著羔羊的血，「同時」靠著見證的話（啟示錄 12:11），勝過撒旦，這樣，我們的心就得釋放，能夠站在神面前，在眾人中作此見證：

> 我「所有」的義，
> 就只有耶穌的血。

此外，回轉能令我們安息於罪帶來的後果中，面對罪使我們身陷的處境。認罪前的一刻，我們要對自己深陷的處境負責。親手種下的，便要自食其果，或許我們會盡量逃避，可是在悔改，承認罪責的一刻，耶穌在神面前代替我們所流的血，已然作了預備，神就樂意因基督的緣故，把那糾纏不清的處境，視為自己的責任，我們就得安息。祂先藉寶血給悔罪者平安，然後才處理悔罪者的處境。正如有人說過：「神赦免亂搞的人，並且撥亂反正」，又可以說：祂使用一塌糊塗的情況，變成愛之嶄新目的的原料。

這是耶利米看著陶匠工作時，神賜給他恩典的異象（耶利米書 18:1–6）。陶匠看見器皿在他手上損毀了，可以把之丟棄。可是，「他卻用損毀的器皿再造另一個器皿，陶匠認為那樣做是好的。」當我們真正謙卑下來，神也照樣樂意這樣對待我們這已損毀的器皿，不管損毀的是我們一生，或是一生中的一天；不

管是複雜的處境，或只是我們與另一人的破損關係，神都樂意再造另一個器皿。只要安然在十字架下成為認罪者，按他指示的每一步走，這樣，我們就會看見他為新生命帶來新的目標，從混亂中看到他帶來的次序，剩下來的，就只有向他讚美。他設定的嶄新目的不一定沒有加入「規範」，不過，恩典使我們確知，新目的將會「無限的美好」，因此我們便能安然。

這樣，基督寶血的價值，不但延伸及我們的罪，也擴展至與我們的罪相關的環境去。基督寶血大能的景象，能為受過折磨、後悔不已的靈魂，帶來無限的釋放和平安，人要去證明神奇妙恩典的焦慮，自會消除。

§

要處理生命中自知缺乏的特質，「安息」二字仍然派用場。別人會說我們缺少愛心、缺乏信心、疏於禱告，不過，我們已看見，魔鬼愛用這些事來控告我們，為的是要激動我們，以一己之力作出修正。可是，聖靈卻把我們，連同我們的罪帶到加略山，激動我們認罪，得以安息。

我們讀過「你們得救在乎歸回『安息』」（以賽亞書 30:15）。然而，我們知道自己對人愛心不足，嘗試更有愛心；意識到自己缺乏信心，於是掙扎著多建立信心；承認自己祈禱不足，立定心意未來每天定時靈修。以上所有活動的問題，都在於作事的是我們自己，不是基督。我們知道，或者說應該知道，「在我裏頭，就是我肉體之中，沒有良善」（羅馬書 7:18），我們幾乎可以肯定，所做的一切，都是沒結果的。

然而，聖靈最關心的，不是把我們變得更好，乃是要我們更深地為裏頭的罪悔疚；他沒有嘗試使我們對別人更有愛心，乃是要我們承認曾妒忌和批評人。認罪後，聖靈能令我們在十字架前，以罪人之身安息，在那裏，罪得潔淨，我們便得平安。

我們以罪人之身在低谷中安息，耶穌便把他的愛澆灌在我

們心裏，這愛是為別人傾注的，這愛驅使我們到別人面前，與他們和好；祂又賜予我們對別人有前所未見的忍耐之心。我們在低谷中承認自己的擔憂，祂就賜下屬祂的信心：「神兒子的信心」（加拉太書 2:20）。每一種處境中神想要的禱告，祂都會帶領我們，進入那禱告中。這樣，我們不再企圖「攀上蹊徑」獲得勝利，卻在祂十架前低頭認罪，從那扇門進入勝利中。

如此，我們便找到「現在活著的不再是我，乃是基督在我裏面活著」的實況，因為我們進入的，是祂的（不是我們的）愛、忍耐、勝利，從經驗中學習「我們得救在乎歸回安息」。

讓我用一個例子去闡明如何應用「我們得救在乎歸回安息」這原則。東非某城市曾真正經歷復興，可是復興了的基督徒冷淡下來了，曾一度出現的喜樂見證，似乎在聚會的人中間消逝了。信徒知道這情況，也承認這事，可是屬靈的飢荒卻延續著。後來，有一位外地來的非洲基督徒到了他們那裏，他充滿熱誠，認為自己「甚麼都知道」。他責備當地信徒的冷漠說：「怪不得你們是這樣，旁邊的市鎮放眼都是未信的人，你們卻不傳福音。」他敦促他們舉行街頭佈道會；殷勤傳福音。一位當地小組的屬靈領袖，就這一切事給了極有智慧的回答：「你說得對，我們是冷漠。我們已向神承認，已經認罪了。可是，我們不會著手搞活動，藉此把祝福帶回來，甚至連街頭佈道也不會做。既已認罪，我們就在耶穌的寶血裏作安息的罪人，直至神樂意再和我們相遇，我們才會動工。」神的確很快便和他們相遇，聖靈也再次在他們中間工作，各人都因重新看見耶穌而發出讚美。他們的福杯滿溢，到未信者眾多的城鎮去購物時，按捺不住向商店裏或在街上碰見的人，為耶穌作見證。不久，一個人得救了，然後又是一個，接著又是一個，恩典的工作在那地方開始了。他們認知到認罪和安息的果效，就是「把耶穌帶進處境中」，除此以外，別無他法，他們看見了耶穌在十字架上為他們成就的事的功效。

め

聖靈與魔鬼的工作有天壤之別。撒旦的控告帶來的只有絕
望、捆綁、掙扎,聖靈的定罪卻帶來安慰、自由、安息。誠然,
只有透過這種辨識,才能學會分別撒旦的控告和聖靈的定罪。
假如責難是沒完沒了的惱人嘮叨(即埋怨),既含糊又普遍,而
不是具體的,那麼,可以用此規律來判斷,那是撒旦的控告。
倘若責難清晰而具體,令我們本能上願意說「祢說得對」,然後
認罪,心裏有平安和安慰,那麼,可以肯定那是聖靈充滿恩典
的聲音,可以安然地順服祂的定罪,並轉向十字架。

在律法的十重鞭子下,
唉,我知道這是何等真確,
我愈努力嘗試,死期愈接近,
律法在喊叫:你!你!你!!!
仍然無望地發動爭戰,
我喊著說:「噢,可憐的人!」
我以苦行尋求救贖,
我的靈魂大喊:我!我!我!!!
然後有一天,
掙扎停止,
在那位為我死的十字架下,
我四肢發抖,
大聲喊叫:祂!祂!祂!!!

第七章

看見耶穌——祂就是道路

主耶穌是門這幅圖畫，大概是屬於基督徒生命的「初期階段」。這是尚未重生的人認罪、渴望歸向神、找到救恩時需要聆聽的信息。上一章已把門這幅圖畫應用在「信徒」的需要上，這扇門讓長期冷淡受挫的信徒，進入更豐盛的生命，是最終能與主和好的重要轉機。不管怎樣，那扇門啓示出來的恩典原則，進門後都是他的了。要再一步進入祝福的門檻，就必須憑著認罪和信心，「藉著耶穌基督，我們的主」，才能進入。為了讓讀者讀此章時不至與門的比喻混淆，請把門的比喻應用在基督徒生命的初期階段，應用在進一步的「危機經驗」中。接下來談到的，請應用在進門後的基督徒生活上，就是如何藉恩典進門後，「繼續」經驗那恩典。

門後面是甚麼呢？《聖經》大可以描繪門後是一幢房子，一個花園。若果真的領入房子或花園，我們會推測主耶穌是否把我們帶進了得救、平安、聖潔的靜態經驗中；一旦進入就能稍作停留，不費力與神合作，就能享受一切。然而，《聖經》給我們那扇門的圖畫，並非領向房子，而是「道路」。主耶穌這樣說：「引到永生，那門是窄的，路是小的」（馬太福音 7:4）。門開之處是一條延伸的道路。主耶穌說：「我是門」，又說：「我是道路」（約翰福音 14:6），一條從門「伸展出去」的道路，門和道路都是同一個蒙福的人（耶穌）。

這道路代表的不是最後、不變的祝福；而是一次漫步，是持續的經驗。漫步，是重覆的步伐，是此時此刻發生的；一步

之後是另一步；一個「當下」之後，是另一個「當下」。這說明了經驗基督，是在持續不斷的「現在時態」下進行的，是榮耀的「當下」。在「這」一刻藉著祂安然與神同在，這一刻之後，在下一刻與祂在活潑的團契中，然後又是下一刻。在這裏，過去的危機不會幫助我們經驗漫步，那扇門的經驗是基本的，但已過去。我們也許可以見證在某一天的得救或成聖，但神不要我們不斷回溯過去，乃是要我們在當下的每一刻與祂同活，讓祂滿足我們一切需要。

要漫步就需要有可以行走其上的道路。在現代的柏油高速公路上開車輕而易舉，實在難以想像昔日祖先穿州過省，被橫在前面的台地弄得寸步難行的情況。要開發一個地方，第一項工程總是建設高速公路。沒有公路，有最好的汽車都沒用。想想看，我們被召與神同行是現在進行式，那麼，我們要問自己：那怎麼樣？跟我們一樣的人，與我們身處同樣環境的人，怎樣能享受持續的漫步？我們裏面有邪惡的習性，有罪圍繞，我們面對的，是不能通行的沼澤。我們需要道路，道路井然有序，好使如我們這樣愚昧的旅行者，能平安地、安全地走在其上。

神預備了一條道路。預備了門的那位，也同樣為我們預備道路，因為祂知道我們進入那門後，是何等需要道路。這是早已預言的，先知以賽亞熱切地盼望這道路，他說：「在那裏必有一條大道，稱為聖路。污穢人不得經過，必專為贖民行走……」（以賽亞書 35:8）。為我們此等人獻上的道路，就是主耶穌自己，祂說：「我就是道路。」兩旁都是罪的沼澤，但是從中間伸展，跨越罪的沼澤，就是道路，此道路完全切合我們蹣跚的雙腳，此道路就是主耶穌自己。

這就是初期教會對基督徒生命的概念。《使徒行傳》常提及在主耶穌就是那道路。在不少於六個場合，基督信仰被指為這道（使徒行傳 9:2; 19:9, 23; 22:4; 24:14, 22）。其實在該經卷中，基督信仰再沒有別的稱呼。對使徒來說，耶穌不但是門，更是道路，他們持續地、欣喜地走在其上，與祂同行。

那扇門提及的是開始或危機，而道路談到的是進展。二者都在主耶穌裏充分地預備了。

若有一件事比進入那門更重要，那就是繼續走在道路上。我們從門而入，然而，終生都會繼續走那道路；這卻是最大的困難。相比之下，進門是輕鬆的，漫步似乎艱難多了。剛走入那門時，我們與神的關係新鮮活潑，但要維持這關係似乎很難，在當下維繫著在祂裏面的平安，並不容易。保持得恩典的媒介如祈禱、讀經、敬拜都變得不真實，很難使之有效。要為基督作有效見證很難，要散發應有的甜蜜和聖潔也很難。事實是，很多人進入那門後，雖然面向錫安，卻沒有真的走那道路，在神為我們計算好的路上失腳，在兩旁的沼澤中痛苦拖步而行。有時我會聽到基督徒用「膠著」一詞形容自己在此景況下的情形，曉富意味。

這難處的出現，基本上是因為沒有把「耶穌」看為道路，反倒嘗試把其他東西變成道路，這是行不通的。有人認為祈禱是基督徒生活中最重要的一環，這就成了他們的道路。一些人把《聖經》放在那位置上，對另一些人來說是團契生活，又有一些基督徒認為道路是教會和聖禮，又或是鄰舍關係。覺得若做好這一切，便真正活出豐盛的基督徒生活，可是，就是這樣，我們把這一切當作道路了。

然而，這些都不是道路；那怕只是稍稍刻意地用行為去追求屬靈生命，都只會使基督徒生命艱辛貧乏。第一，靠行為追求屬靈生命，不能為罪給予答案，而罪卻總是基督徒的困擾。撒旦知道如何激動我們作出錯誤的反應。祈禱、見證、團契、上教會等等，都不能潔淨帶罪的良心，不會叫人得平安，不能預計罪的發生，亦不能為罪提供答案，行為永遠不能成為基督徒的道路。行為的價值，就只在於我們把行為做出來了。可是，去做正是困難之處，因為往往「不能」完成要做的事，良心會告訴我們，該做的沒做好。由於我們做不好，行為沒有帶來所需的平安，又或者自以為把當做的都做了，心裏因此產生驕傲

的罪，極其可怕，這樣的話，一切好處都抵銷了。

以行為追求屬靈生命不但不能帶來平安，更會造成傷害。達不到的標準，沒有完成的責任都是重擔，叫良心受責，我們只好嘆著氣，在重壓下拖著沉重的腳步前行。保羅也暗示過這種經驗：「那本來叫人活的誡命，反倒叫我死」（羅馬書 7:10）。那些說「我信祈禱」、「我信作見證」、信這信那的人，都會被自己聲稱相信的咒詛拖垮，遲早必因所相信的跌倒，未能達到的標準，只會令人煩惱，使人受綁。行為的律法總是在咒詛下，因為按道德的律，凡不持之以恆去完成聲稱所信的事，此人就受咒詛（加拉太書 3:10）。唯一能夠相信，而不會因此受咒詛的，就是耶穌，因為祂來，就是為了把我們從不能達到的標準中拯救出來，在加略山上「為我們受了咒詛」（加拉太書 3:13）。

只有主耶穌是道路；嘗試以其他一切作道路的，都會跌倒絕望。這不是說任何事都不要作了，當然，屬靈活動在基督徒生活中佔了重要的位置，可是，那些都不是道路，只是我們常誤以為那些是道路罷了。只有主耶穌才是道路，此外再沒有其他道路如祂一般適合我們蹣跚的雙腳。

可能有人會反對說，他並沒有視這些行為「本身」為道路，而只是把行為當作認識基督這「真正」道路的途徑而已。然而，根本就「沒有」通往基督之路，因為基督自己就是那道路。我們不需要通往道路的道路，恐怕反倒被通往道路的羊腸小徑難倒了，達不到那道路，這樣，真正的道路就起不了任何作用。英國建造鐵路初期，一些城鎮拒絕讓鐵路穿越，害怕機器擦出的火花使建築物著火。因此，車站得建在城鎮外圍，為後世帶來極大不便。基督這道路卻不是這樣，祂衝著我們的需要和貧乏而來，我們可以按著本性和「狀態」，「停靠」在祂那裏。若說基督是別的，就是奪去了福音的甜美。

我們忍不住要問，恩典這媒介是何時進來的？其適當位置又在哪裏？引述加州奧克蘭的賴衛理牧師（Rev. Wesley Nelson）最

近的著作*是最好不過，他把這一點論述得清晰精簡：

> 祈禱藉著與基督的團契被重新調整，因此人傾向把祈禱視為進到基督的途徑，每每迫切祈禱，務求更接近祂，可惜只會徒勞無功。《聖經》見證基督，基督臨近時，《聖經》就是一本新書了。有人因為自己沒有忠心地讀《聖經》、查考《聖經》去認識基督而折磨自己。基督是進到《聖經》的「道路」，正如耶穌是進到祈禱的道路一樣。基督的靈必先藉著《聖經》說話，文字才變得有意義。對親密認識基督的人來說，每天的靈修時間就是領受祝福的經驗。有時候，靈修被看成為尋找基督的途徑，此責任使已然受困擾的良心更沉重。羊不會到溪水旁尋找牧羊人；是牧羊人帶領羊群到溪水旁。不管我們身在何處，所處的是甚麼「光景」，基督都隨時在我們身旁等候，成為不同敬拜方式的途徑，適切每個人的屬靈需要，帶領我們進入各式各樣的靈修和崇拜中。

然而，我們與主的關係，若沒有以持續的祈禱讀經靈修生活維繫，那是因為靈性已變得冷淡，沒有親近主，這也許是屬靈境況最可靠的指標。解救的方法，不是我們最常以為那樣，重新嘗試祈禱、按時讀經就可以了；而是要直接到主自己面前，為冷淡的心，和導致冷淡的原因認罪，再次從祂得著潔淨。這樣，祈禱讀經便會再次充滿祂同在的榮耀，滿懷愉悅，向別人作的見證，也顯得新鮮自發，就是這麼簡單！除了確實地祈求認識祂之外，還要以耶穌成為進到靈修的道路，而不是以靈修作為找尋祂的道路，神也會用祂的話語處理我們。

§

現在，讓我們以更積極的態度看看耶穌為道路的意思。離了祂，罪人面對的就是隔絕的牆，聖徒前面也是不通的沼澤。

---

*"Captivated by Christ"（被基督所擄），美國 Christian Literature Crusade 出版。

牆和沼澤都象徵同樣的東西：罪。若攔阻罪人進入的是罪，那麼妨礙聖徒進步的也是罪。人處於被罪包圍的世界，又有罪在心內，如何奢望與神同行？若罪人需要一扇門，那麼，聖徒需要的是一條道路；一條康莊大道；一條已預備的路，讓他安心、喜樂、滿有能力地走在其上，穿越（或「超越」）罪的沼澤。耶穌基督就是那安息、喜樂、能力的道路，也是進入道路的門。

重要的是，我們要看見使祂成為門的原因，同時也使祂成為道路的原因。叫主耶穌成為門的，不是祂的生命或教導，而是祂的十字架、祂的血、祂為罪所作的完備工夫。同樣地，因為祂的血和完備之工，祂成了我們的道路。基督徒生命之始是得贖，繼續下去的，仍是得贖。這就是說，在這條道路上，我們的罪已被預計、考慮、處置——這一切甚至比罪還要早出現在我們心裏，我們心裏頭最壞的，也不會使耶穌驚訝。事實上，罪這問題的答案總在那裏——道路本身就是答案。悔改了的聖徒無須困擾絕望，因為罪已被潔淨，與神的團契使認罪的一刻變得真實無比。誠然，若神把罪顯給人看的一刻，人即時誠實回應，他就不需要看自己為因各種無知的罪，在道路上失腳滑倒的基督徒。

因此，我們可以稱這道路為「寶血的道路」。事實上，《希伯來書》把那又新又活，進到神顯現的至聖所之路，清楚地說明為耶穌的血（希伯來書 10:19–22）。所以神吩咐縱使最自責的人，也要鼓起「勇氣」被道路拉近，因為道路單為此獻上自己。我們也看見以賽亞也就這道路發出安慰的預言，他說：「在那裏必有一條大道，稱為聖路。污穢人不得經過，必專為贖民行走」（以賽亞書 35:8–9）。聖路這名稱最初聽起來可能帶有禁制性，「污穢人不得經過」這句子似乎也把我們攔住了。可是何人「真的可以」走在其上呢？這句話所指的不是「從未被污穢沾染的人」或「只有點點污穢的人」，而是贖民，一再被罪玷污，卻被基督的血救贖了的人，基督的血會按照我們的需要，繼續潔淨我們。我們與同病相憐的人，因此有機會每時每刻與神同行，我們如

此行，靈魂中所有掙扎和耗損都被挪開了，因為「我們若在光明中行，如同神在光明中……祂兒子耶穌的血也洗淨我們一切的罪」（約翰一書 1:7）。

這條道路不只是寶血的道路，也是「悔改的道路」。倘若耶穌的血使祂成為門，也成為道路，那麼，走進那門的悔改信心之步伐，也會不斷每天在道路上重覆。這不是給未得救者和已得救者的兩個信息，這是同一位恩典的主，同時放在兩種人面前的信息，二者要作的回應，同是悔罪。當我們提及耶穌的血，回應永遠都是悔罪。一方面，祂的血宣告祂代我們把罪處置了，另一方面，祂也要求我們認罪，因為祂的血只會潔淨已承認的罪。主耶穌說：「我就是道路」，祂亦加上了：「真理和生命」，這兩項並非引介兩個全新的概念，而是指向道路，為道路加以潤飾。祂似在說：「我就是道路——是真理的道路和生命的道路。」意指真理的亮光總照在祂的大路上，不斷指出我們自己的真像和罪的真相。我們心中的思緒、反應、口中的話、手作的事，在真理之光下，都被照出是「罪」，每次被真理照亮時，我們都要不斷順服在光照下，並且認罪。這就是約翰所謂的「我們若在光明中行，如同神在光明中。」假如我們願意在神的光照下向祂說「祢說得對」，那麼，我們跟神「就彼此相交，祂兒子耶穌的血也洗淨我們一切的罪。」可是，若拒絕說神是「對的」，也不肯認罪，我們便不再與耶穌同行，在大路上滑倒，跌在黑暗中，下一次再跌倒時，就更難省察了。我們若繼續拒絕，將很快掉回沼澤，在其中掙扎糾纏。感謝神，我們何時願意，何時就能夠回到道路上。靠著認罪的簡單步驟，對主耶穌之血的信心，先進入那門，只要認罪，就能回到祂的光明中。「我們若認自己的罪，神是信實的，是公義的，必要赦免我們的罪，洗淨我們一切的不義」（約翰一書 1:9）。

這就是以賽亞所說聖道的意思。我們說福音是神聖的，主要原因不是因為罪從沒有來過，而是當罪來到時，我們立即恨惡它、審判它，並即時向耶穌認罪。按《哥林多前書》1:30，祂

「成為我們的……聖潔」，我們做不到的，祂為我們成就了。我們擁有不屬於自己的能力，不屬於自己、全為祂所有的聖潔，祂住在我們裏面。因此，得勝就是認罪，簡單地信靠祂的應許。榮耀的事實是，我們不用再遭受挫敗才知道罪是罪，不需要再到受挫的一刻，才把罪帶到主耶穌面前。祂不但是潔淨和救贖，我們信靠祂時，祂也成了勝利。這不是持續的復興是甚麼呢？真理的道路就成了生命的道路。

　　最重要的一點是，這道路是「簡單地與耶穌自己同行」。在以賽亞的預言中，形容大道最核心句子是：「祂必與他們同行」（以賽亞書 35:8 旁註）。祂既是道路，也是在道路上與我們並肩而行的那位，祂把一切都擔在肩上。我們可以和耶穌一同購物，一同上班，在家裏和祂一同幹最乏味的粗活，與祂一同承擔最大的工作責任。若罪時刻得潔淨，一日中我們會多次轉向祂，尋求指引、幫助、為祂的愛和供應讚美祂。生活中沒有任何部份獨立於祂，祂的同在，是以「平安」充滿我們手所做的一切。若在任何事上，這平安被打擾或粉碎，罪已入侵了，那時就必須認罪，因為心裏的平安，是從不賜憂傷的聖靈而來，祂要在我們所做所想的一切事上作主（歌羅西書 3:15）。

ॐ

　　在離開作為道路的主耶穌這幅圖畫前，需要指出這圖畫相關的一件事，就是愈來愈多神的子民感到教會需要復興。

　　聖靈如何帶著使人知罪的力量到訪宣教工場、聖經學院、教會，已時有所聞。很多基督徒在主面前悔罪，承認自己的破碎；另一些人則經歷初次得救。基督的血潔淨心靈，聖靈充滿眾信徒，賜下極大的喜樂，他們的生活結出聖靈的果子。在經歷這種撥動心絃的經驗時，恆常的活動暫時停止了；及後，活動恢復正常，活動的層次似是提高了，實質上還是跟以往一樣。然而，「似乎沒有人期望這種謙卑和潔淨會持續下去」，唉，大家確是沒有這樣期望過。漸漸地，新生命枯乾了，站在高處的

滑落了；在眾人皆見的祝福出現後不久，一切還是跟從前沒兩樣。或許眾信徒並沒有失去「一切」原先所得的，可是剩下來的，充其量只是光明的記憶，痛苦地對照著他們當下身處的光景。一群人經歷的真實體驗，往往也適用於個人，個人有同樣的經歷，必定會哀嘆：「我所認知的祝福到哪裏去了？」

問題出在哪裏呢？問題在於在復興的時候，我們是身處於危機經驗裏——一種「門」的經驗。聖靈既叫我們知罪，我們也看見耶穌就是那位在我們悔改時，把我們帶進平安勝利的那位。可是我們卻沒有看見，當我們同意自己有罪、被破碎、認罪時，我們「不僅」進了門，從此以後，還要一直在「道路」上走。我們當然知道「必須」踏著謙卑的步伐，才能進入平安，與神契合，可是，卻沒有預備要經常重覆此動作！我們以為祝福會多多少少延續一段時間！這正是錯誤所在。謙卑的步伐必須時常「重覆」，謙卑的步伐應該成為靈魂的「習慣」。危機應該把我們領向「行走」，行走包括反覆踏步，這就是在危機中要踏著的步伐。主耶穌是「道路」，也是門，若我們要行在平安、能力、安息中，進門後仍要持續行走。「你們既然接受了主基督耶穌，就當「繼續」遵他而行」（歌羅西書 2:6）。要認識祂的同在和能力，就必須有認罪的持續意願，在主面前持續破碎、持續悔改、不斷讓祂的血潔淨罪，因為罪常會靠近。斷乎沒有所謂「停滯」的平安聖潔經驗。復興、聖潔、得勝意味著常常與主耶穌同行。

有一位來自東非的宣教士，他在一處經歷持續復興的工場侍奉多年，我們曾問他，按他在該地的觀察，生命的契合有何特徵呢？他毫不猶豫地回答說：「與耶穌一同活在『當下』」。他們實在是找到了作道路的耶穌。

讓我們重溫一下失落的經驗。對我們來說，一次被聖靈充滿的不尋常經驗，有時可能是咒詛而非祝福，因為假如失去這經驗，魔鬼便會利用這記憶來煩擾責難我們。原本要朝向生命，反到朝向死亡。更甚者，魔鬼會利用過往的經驗激動我們，令我們嘗試靠行為重新獲得經驗。我們下定決心要做這做那，最

後又證實處處敗北，就只有愈來愈落入黑暗絕望中。回頭是簡單的，然而，卻可能簡單得使我們躲避。最簡單的，莫如轉眼不去看耶穌給我們的「祝福」，停止努力重新攫取「祝福」，只按自己的光景和處身的地方，定睛仰望「耶穌自己」，祂會告訴我們，那一刻和祂的關係哪裏出問題了，當我們低頭認罪，就會再次尋著祂，這一次認罪比以前的更寶貴；祂是又新又活的道路，我們可以每天在悔改和信心中與祂同行。

有人認為這道路是寶血的道路、悔改的道路、與耶穌同行，或稱為別的，其實都一樣。基督自己就是道路，因此，我們可以繼續經歷祂的救贖。這是初期教會經歷過的古道，只是今天在人為努力和教導的迷宮中迷失了，也被各種以難以捉摸的侍奉取代了。正如耶利米說的，神使我們在所行的路上，在古道上絆跌，使我們行沒有修築的斜路，因為那裏沒有悔改，也沒有喜樂。我們需要重新為自己尋回那古道，「哪是善道，便行在其間；這樣，你們心裏必得安息」（耶利米書 6:16）。

第八章

看見耶穌——祂就是目標

　　我們已看過耶穌寶血的道路，又看見以悔改的心在上面走、真正被破碎的需要；我們必須自問：這路通往何處？「目標」是甚麼？這些都是重要的問題，因為我們為自己的基督徒生命，設下許多目標，這些目標跟神預定的那道路引向的最大目標，可能是南轅北轍。

　　我們很自然以為悔改、謙卑、順服會使我們在「侍奉中滿有能力」，神會大大使用我們搶救靈魂，使教會得救人數增加；換句話說，這道路會領向復興和屬靈的成功。閱讀屬靈偉人生平，更令我們對此深信不疑，他們經歷在神面前破碎、完全降服、被聖靈充滿，神就大大使用他們。我們是何等輕易地相信，只要走上同樣的路，便會到達同一個目標。縱使我們向聖靈認罪、尋求悔改、徹徹底底降服，心裏仍會有一個想法，隱隱然在腦海中出現一幅「自己」未來的圖畫。仍然記得一次尷尬的情況，當時我向福音工場的同工見證主如何在我身上作工，同工問我：「這代表你在聚會中將會結更多果子嗎？將有更多人得救嗎？」我尷尬不己，不能說正是這樣，卻覺得應該是這樣，也確實希望是這樣。這是我自己和其他人都「期望」得到的結果，但最後沒有達到期望，令我困擾。

　　有人也許願意讓神修理自己，撥亂反正，覺得這樣一來，便可以得到長久渴望的「平安」、「快樂」，得到所盼望的喜樂和釋然。「那些」就是我們心中所想的目標。另一些人則認為若願意被破碎、悔改，便能激動別人悔改，緩和家中的緊張氣氛。

「那些」就是他們尋求回應主時心中所想的目標——「較輕省的家庭環境」。這樣的例子，無窮無盡。沒有人需要在自己內心以外，放眼去認識更遠的；對基督作出完全回應的目標，這樣做只會令目標成了回應的動機。神很少讓我們到達成這些（或類似的）目標，因為那些「目標」都是錯誤的，我們也就落在無聲的掙扎沮喪中。

當我們明白耶穌說的話就是道路的「真正目標」時，便更清楚其意思。要完全明白，就必須回到《約翰福音》第十四章，這是之前討論過的一段話，耶穌說：「我就是道路。」隨著經文的論證，耶穌向門徒說的話，叫他們驚奇：「我往那裏去，你們知道；那條路，你們也知道。」多馬回答說（我把它口語化了一點）：「這正是我們『不知道』的呀，不知道祢往哪裏去，怎麼知道那條路呢？」主說：「不，你們是『知道』的，因為我就是道路，認識我，就是認識那條路。」這路要往哪裏去呢？當然是往父那裏去了，祂繼續說：「若不藉著我，沒有人能到父那裏去。」門徒不是不認識父，耶穌接下來又說：「你們若認識我，也就認識我的父。」腓力很疑惑，加入對話說：「求主將父顯給我們看，我們就知足了。」主在答覆時發表了驚世駭俗的言論：「人看見了我，就是看見了父。」因此，門徒這才發現自己既知道往那裏去，也知道那條路，因為「二者」都是主耶穌。對我們來說，祂是那條路和目的地。尋找祂時，人不獨只找到路，也找到目標。我們不用在祂以外尋找別的滿足，祂就是我們所需的一切，祂是那條簡單、容易找到的路，是可以讓我們到達目標的路。

就此能看見我們其中一些人的行為：「我們一直利用耶穌和祂的血作為道路，可是目標卻不是祂。」我們竭盡全力，盡善盡美，不惜付上巨大的代價，因為尋求的目標如此誘人。真摯熱誠的靈祈禱說：「神啊，我願付上任何代價，得到復興，在侍奉中享受祢的能力。」可是，那些目標卻往往埋伏著利己和自我榮耀的動機。難怪儘管我們憚精力竭祈禱，神也不肯讓我們到達那些目標。縱使我們的動機並非利己，祈求的目的或原因也並

非與神保持良好關係。我們應有的目標，是看見主耶穌自己；做好的原因，不是因為可以得著復興、能力、被神使用、得到種種祝福，而是「我們可以得著祂」。罪使我們滑脫了祂的手；祂慈愛的面容和我們之間有密雲分隔，我們不惜付出一切代價，渴望重新找到祂，與祂親密契合。這個原因——也只有這個原因——才是我們願意悔改的原因，除了得到「祂」，再沒有任何動機了。「祂」就是目標；可是啊，其他的目的、偶像，在我們心中取代了祂的位置。

主治好了十個大痲瘋病人的故事，是最活生生的例子。十個被治好的人中，只有一人回去感謝耶穌，歸榮耀予神。其他九個走自己的路，熱切盼望享受大痲瘋痊癒後的新生活。對他們來說，主耶穌只是達到目標的手段，他們的目的是健康生活。可是對跪在祂腳前的人來說，目的卻是追求與那位醫治他的建立親密關係，耶穌不只是手段，祂本身就是目標。

這就是可愛主的謙卑：從我們屬靈經歷的初期，祂便願意成為我們的手段，讓我們找到平安、快樂、能力這等目標。事實上，對於仍帶著罪的人，神能夠訴諸的，就只有叫人脫去矇昧的利己主義。「逃避將來的忿怒」，福音在此訴諸的，不是利己主義又是甚麼？正如我說的，祂「願意」我們把祂和祂救贖的十架看作一種開脫、一個目的。可是接下來，祂仍然容許我們繼續利用祂成為達到其他目的的手段。祂曉得這些目的都不能滿足我們的心，因我們是為祂造的，除非在祂裏面安息，否則只會燥動不安。而且這些目的——假如那是我們全部追求的——也不能滿足祂的心，因為《聖經》告訴我們耶穌在十架上的整個目的，就是要我們「與（祂）自己」（哥林多後書 5:19）復和。並且，《聖經》再次告訴我們，神「預定我們藉著耶穌基督得兒子的名分」（以弗所書 1:5），耶穌為我們捨了自己，「要……潔淨我們」（提多書 2:14）。

因此，祂容讓我們在追求這目標、那目標中掙扎，容讓我們沮喪失望，直到最後祂來到我們面前說：「我的孩子啊，我從沒

有承諾過，你若順服、悔改、與我和好，你會一帆風順，侍奉有力成功，甚至得著復興。我承諾的是，假若你和我同行，當罪靠近你時，讓我把罪指出來並潔淨你；你不會達到目標，卻會得到我。把「我」當為你的目標，就必會達到目標，必能滿足，在我預定你要得到的事上，一無所缺。」然而，可恥的是，當這事如此成就時，我們卻感到有點失望。我們得承認，我們真正想要的不是祂，而是祂的禮物，背後更有著妙微而自私的原因！正如詩歌作者所說：「我渴慕的是那一切，而不是祢。」這解釋了為何祂不讓我們得著那一切！

　　這說明了我侍奉初年的一些困惑。多年前我從事福音事工時，我認為對整個處境起關鍵作用的是基督徒。若罪存在，成為攔阻，聖靈就不能在未信主的人當中工作。找到了《聖經》經文支持這看法，再也清楚不過：基督徒若悔改，與神恢復正常關係，聖靈便可以自由地在失喪的人中施展能力。因此，我把福音運動首星期的講道對象換成基督徒，呼召他們悔改；神大大祝福，我們看見多人來到十架前真心悔改。可是，在第二週轉移目標至未相信者身上時，困難出現了，情況並非如我認為那樣，我不再見到神大能的工作。現在，我明白箇中原因，我們悔改，與神和好，都只是達到目的的手段，我們的目的，是靈魂得救，可是，目的應該是耶穌自己。只著眼把事情做對，把「在律法下」的悔改作為與神討價還價的籌碼，無怪乎神不答應我們所求。我們最終在祈禱中靠近神，達到靈魂得救的目的，可是，這不是因為我們已悔改，乃是出於祂豐盛的恩典。因為我們走錯了，所以我們應該與神和好。我們愛耶穌，可是罪使祂藏起可親的面容，因此，要竭盡所能回到祂那裏去。復興了、充滿能力的基督徒，必成為巨大能力的誘因，使失喪的人向基督回轉，但這卻不應該成為基督徒悔改的目的。

　　然而，奇妙的是，當我們願意承認把這些東西當看為目的這做法是罪，轉而把主耶穌當作唯一的目的，神就樂意把祂，連同其他一切一同賜下，那是我們開始時沒有祈求的。「神……

豈不也把萬物和祂一同白白的賜給我們嗎」（羅馬書 8:32）？誰能說有什麼是不包括在祂慷慨賜下的「萬物」中的呢？還有什麼好東西是祂不會賜下給願意為得到主耶穌，又與祂同行的人的呢？

也許在這方面的最佳例子，莫如所羅門求智慧一事（列王記上 3:5–13）。神對所羅門說：「你願我賜你什麼？你可以求」，神在此開出一張空白支票。所羅門沒有為一己私利而求，他只簡單地說：「求祢賜我智慧，可以判斷祢的民」，經文旁邊有小字說「一顆聆聽的心！」——就是帶著破碎性情，願意聆聽上帝的話，並遵其指示而行。神喜悅所羅門以此為尋求目的，祂說：「你既然求這事，不為自己求壽、求富，也不求滅絕你仇敵的性命，單求智慧可以聽訟，我就應允你所求的，賜你聰明智慧。」他達到了目的，但這並非全部：「你所沒有求的，我也賜給你，就是富足、尊榮，使你在世的日子，列王中沒有一個能比你的。」神把他想要的一件事，連同其他許多一起賜給他，因為那些東都不是他的主要目標，神這樣做，是因為所羅門並不看重那些東西。當我們不把私利當作目的，我們也會像所羅門一樣；只要把耶穌視為目的，就能心滿意足，神會把祂和祂旨意要給我們的，一同賜下。

§

我們剛討論過我們追求的目標，都「不如」基督，然而，有時我們會發現自己在追求「超過」祂的目標。

我們未必看不見悔改的重要性，亦未必看得見被基督寶血潔淨的需要。我們也許對向聖靈認罪持開放的態度，必要時也願意回到十架前。可是卻感到這追求和深深需要的祝福「仍然很遙遠」。我們經常尋求得勝、能力、醫治、聖靈的充滿、甚至是復興等祝福，相信基督的血和悔改定能提供「方法」，讓我們得著祝福，可是那本身卻不是祝福。深信在十架前與神和好，只是為神的大能在我們身上活動作預備。為此，我們感到

仍必須要祈禱、掙扎、等候，認為必須在經驗上從加略上轉移到別的地方，例如說，五旬節；而耶穌腳邊為悔改而設的位置，必須為更正面的東西而保留。這一切聽起來何其合理，可是結果卻總是一樣：找不著想尋找的目標。尋尋覓覓，卻不得滿足，仍是不能作令人興奮的見證說：「我已找著了。」神必然已為我們存留比這更好的，祂要我們只把祂兒子看作目標和道路。若主耶穌說，人藉著祂不但找到通往父的「道路」，也找到父「自己」，祂的意思肯定也適用於尋求的其他祝福上。榮耀的真理就是，祂不但是通往祝福的道路，祂就是我們所需的「祝福」；祂不但是通往能力的道路，祂就是我們的「能力」；不但是通往勝利的道路，祂就是我們的「勝利」；不但是通往成聖的道路，祂就是我們所需的「成聖」；不但是通往醫治的道路，祂就是我們的「醫治」；不但是通往復興的道路，祂就是我們的「復興」，等等，其餘一切都是一樣。「祂為我們的需要被造」。正如保羅所說的，神本性一切的豐盛都有形有體的居住在基督裏面，我們在祂裏面得以完全（歌羅西書 2:10）。我們以罪人的身份去到祂面前，是必然的態度，「祂正是我們所需要的一切。」我們不用在十字架以外的任何地方尋找祝福——我們以為在五旬節可以找到祝福，可是當罪人在加略山悔改，復興和祝福也就隨之而來。道路和目的都是同一人，只要持續不斷的悔改，靠信心行動，便可以「一併」找到那目標。

我們終於明白屬靈生命中許多挫折的原因了。我們在主耶穌以外和以上尋求平安、聖潔、得勝、復興作祝福；因此這些祝福躲著我們。為要得著祝福，我們祈禱掙扎，努力滿足各種各樣的條件，卻徒勞無功。我們甚至願意謙卑地走在耶穌寶血的道路上，讓祂使我們知罪，帶領我們悔改，不過，就是做到這種地步，我們仍然認為自己未得到愛和能力的美妙洗禮。

為對照這種心態，讓我們再回味保羅的話：「律法的總結就是基督，使凡信祂的都得著義」（羅馬書 10:4）。腓利斯（J. B. Phillips）在他著名的口語化書信翻譯中這樣引述：「基督就是那

信神而按律法掙扎成義之人的歸宿。」＊這是何等有意思的一句話：基督是掙扎的歸宿！那時熱心的猶太人為義掙扎，義最初的意思不是指個人品格上的義，而是指甚至比與神和好更廣義的義，可以稱之為在神面前作正直人的義。查考《羅馬書》，每當讀到「義」字時，把它讀成「在神面前作正直人」會有幫助力，因為這正好是保羅用這字的意思。猶太人苦苦嚴守複雜的律法，正是要達到向神作正直人的目的，可是，他的失敗卻使他內心更受責難；他愈嘗試，就似乎離這目標愈遠。使徒針對此需要說出榮耀的信息：「基督就是那信神而按律法掙扎成義之人的歸宿。」基督為他們的緣故在十字架上承擔了神聖律法的咒詛，人總是犯律法的，人雖然「仍是罪人」，但靠著祂的血已成了義人，人要做的，只是認罪和相信基督。從前百般掙扎仍遙不可及的目標，現在成了從基督而來的新生活之開始和基礎，靠著祂可以繼續前行，「在歸宿之處」得著從新開始的殊榮！

然而，主耶穌不僅是我們竭力在神面前作義人的歸宿，也是我們的一切，就是平安、得勝、聖潔、醫治、復興。我們為獲得這些祝福作出何等掙扎，間或苦心降服、或祈禱、或自我禁慾、或努力爭戰，使我們犯罪的心少作孽。可是，謙卑無助時，我們會到其跟前悔過認罪的這一位，才是我們在各方面苦苦掙扎的最大「祝福」。「祂」是我們的平安、「祂」是我們的能力、「祂」是我們的勝利、「祂」是我們的復興。在「祂」以外再沒有別的。

> 我從深井中尋求
> 一口生命之水；
> 沒能滿足我靈魂
> 只有一口生命之水；
> 直至那位靠近，呼求者必留心，
> 世人的幫助者在需要時出現

＊ 腓利斯：致年青教會書信（J. B. Phillips in *Letters to Young Churches*）。

我相信，也實在找到了
基督是生命之水

然而，熱誠的信徒又多少次反行其道？我不會忘記多年前在阿爾薩斯（Alsace）一個會議中，有幸和一位非洲領袖同工共事，他深得主教導，擁有罕見的恩賜，又有使人復興的領導才能。那天，主大大地工作，多人悔改，剛硬的心被溶化，他們帶著主指示給他們看見的一切，來到主面前，被榮耀地釋放了，並帶著「滿溢的福杯」，讚美著回家。

參加會議的一個小組也像其他人一樣得著祝福，他們問我們可否翌日到鄰近的小鎮，在祈禱會中宣講復興的信息。他們說，每週會為復興舉行祈禱聚會兩次或三次，已好幾年了，現在，他們當然要比以前更多為復興祈禱。直至聚會前，我們才醒覺整個情況。這裏有一群人，才剛以嶄新眼光看到耶穌，他們認罪，跪在祂跟前，被祂充滿，可是，郤要繼續為復興祈禱！他們只把耶穌看成復興的「手段」，而不是復興本身。神溫柔地藉著那位非洲領袖的口告訴他們，他們所做的，跟耶穌最初在猶大出現時那些人所做的一樣。雖然彌賽亞一直站在他們中間，但他們卻沒有把祂認出來，仍然等候和祈求祂的來臨。也許祂當時沒有滿足他們對彌賽亞的構想，可是祂今天已在至高者的右邊，是真正的彌賽亞。同樣，神在我們心中所動的工，叫我們知罪，把我們溶化，也不必符合傳統上對復興的想法，假若耶穌親自來臨站在我們中間，肯定地告訴我們，那「就是」復興；若我們與祂同行，誰又會知道這將通往何處呢？

可能有人會問：我們不是要為復興祈禱嗎？我們首先的責任，是自己得到復興，然後向人作見證，再不用掙扎，耶穌成了我們一切所需，只要悔改便成了。然後，我們和其他信徒，可以在於我們心中動了工的神面前祈求，請祂在更大的範圍動工。那麼，我們便不是為一些仍未發生的事情祈求復興，而是為已進入我們心中的對象祈求（雖然那些人還未領受復興）。復興已經「開始了」（縱使復興者只在一個人心中動工，復興仍是

開始了），只需要把復興「傳開去」。建立新生命據點時只有幾顆心，「傳開去」就是把新生命傳遞到其他人的心中，為了達到這個目的，神會使用我們的見證和願意獻己的心，一如祂使用我們的祈禱那樣。然而，這樣的祈禱只會給予那些找到道路和目標的人；求復興之祈禱的掙扎張力，將會消失，取而代之的，是平靜的信心和勇氣。

這一切意味著，凡在主耶穌裏面找到道路和目標的人，都能達到神旨意中的屬靈高峰嗎？斷乎不是！人仍是罪人，仍然需要耶穌的寶血，仍需要悔改。誠然，找到耶穌為目標的人，會前所未有地迅速認罪，因為他發現認罪之路，即等於證明主耶穌是他的所有。那麼，這樣一個人發現了什麼？他發現了真金的所在，並把鑽軸鑽進寶貴的礦脈中，那就是主耶穌。他不再因從其他地方──不管是這教義、或那經歷、或其他的重點──聽見「幸運尋見」的報告而激動或困擾。奇怪的是，當他嘗試在很多其他領域尋找答案，最終還是回到神最初救拔他時，他鑽入鑽軸的地方，因為他鑽入的是主耶穌的救贖。只需每天在同一個地方進深：更深的知罪、更深的悔改、更深的向自己死、更深的潔淨、更深的相信，便會找到活著的主的真實豐盛，這些就是他一直的需要。

讓我們把耶穌看為目標，祂就是進到目標那條容易找到的「路」；目標和路都被祂的血聖化，是為了像我們這樣有需要的人預備的。

> 耶穌，我的牧人、良人、朋友；
> 我的先知、祭司、君王。
> 我的主、我的生命、我的道路、我的目標；
> 求請接納我的讚美。

第九章

為別人看見耶穌

只有真正看到主耶穌是目標時，我們才開始過神本意要我們過的真實基督生活。從前遙遠的目標，只有經歷許多掙扎奮鬥才達到的終點——義、神裏的安息、聖潔、復興，而今卻成為起點。耶穌自己就是那些遙遠的目標，然而，祂的寶血成了達到目標的易走路徑，我們現在已經被賦予以終為「始」的特權！

那麼，這新的開始包含了什麼？我們幾乎不需要問這問題，因為每個有過新發現的人都曉得，新的開始所包含的，就是服侍他人。得著新開始的人所作的新見證，並不限於叫主得榮耀，更是叫他人得著作新見證的人正在享受的生命。事實上，向「他人」傳揚在基督裏的新生命，就是傳揚復興。

那些平常活在守律法而非靠恩典的雰圍下的人，會感到自己終於站在熟悉的基礎上，他們期望至少會有些關於見證、搶救靈魂、伸出援手等等的勸勉。但卻不然，恩典在這方面並未棄權。恩典從來不會停止運作，人不需要再次依靠自己；服侍別人是如此，基督徒生活的所有層面亦是如此。我們向別人傳達這生命時，更需要認識恩典的道路。服侍別人，不是出於勉強努力，為他人而活，反之，是看見耶穌的榜樣，向祂獻呈自己，為祂所用，成為祂恩典能力的管道。這是祂與父神同行的方式，也是我們必須與祂同行的方式。祂說：「子憑著自己不能做甚麼，惟有看見父所做的，子才能做；父所做的事，子也照樣做」（約翰福音 5:19）。我們什麼也不能做，只能看主耶穌所做的，然後照著去行。除非我們明辨這事實，否則我們依然是無助的，服

侍也只是自我發起的努力罷了。可是，若首先看看主耶穌在一
個處境中如何作事，我們便可以和祂一同行動，甚至像子與父
一同行動一樣，在人神合作中，神的真正事工便作成了。我們
的角色不是要開創什麼，只要降伏在祂跟前，成為祂開展和繼
續工作的管道，也要相信祂藉著我們作工。

讓我們簡潔地、大膽地說出這真理：「主耶穌是為人而活
的。」正如葡萄樹結果子不是為自己，乃是為他人提供飲料，因
此神聖的葡萄樹也選擇了只會為他人，永遠為服侍他人而生存。
祂捨棄生命，也是為了別人。從死裏復活，也是為祂自己的義
和祂所救贖之人的義而作的（羅馬書4:24）。再者，祂在天上所
佔的地位，也是為了別人，因為祂「進了天堂，如今為我們顯
在神面前」(希伯來書9:24)。我們頌讚祂顯現在「豐盛的榮耀中」，
這榮耀是祂的，但祂也為「我們」而保留。父神已經把祂兒子
升為至高，並指派祂為他人作事；而我和你便是那有罪的、不
配的他人。

祂這做法，不但涉及祂是「誰」的問題，也關乎祂的「旨
意」。祂要藉著十字架的救贖，以運行在人中間之聖靈的大能，
把其他人帶回神和祂自己身邊。在祂而言，這不是願望，而是
已決的神聖旨意，這旨意由天上一切智謀支撐，必然成就。今
天全世界都因祂寶血付上的代價得贖，耶穌這葡萄樹為醫治列
國呈獻祂的果子；沉淪的罪人得嚐那果子，便可存活。

然而，主耶穌所作的不止於此。祂把得救的人招聚與自己
合作，把祂榮耀的旨意實現出來，得救的人成了為祂結果的枝
子。離了祂，枝子便不能作什麼；葡萄樹離了枝子也不會結果
子。然而，不是枝子生出或發生果子，這全都是祂的作為。枝
子只是孕育祂產生的果子，因為祂在枝子裏頭再次活出祂的生
命。這正是主耶穌在《約翰福音》十五章描述我們與祂關係的
景象，祂說：「我是葡萄樹，你們是枝子。」基督住在信徒裏面，
信徒便生發出枝子。

正如枝子屬葡萄樹，
我也與基督聯合；我知道祂屬我！

意思就是說，祂就是為了救贖和祝福人而活的那位，信徒成了祂的一部份，祂的原意是要在枝子上結祂的果子。意識到自己的軟弱，曉得祂是葡萄樹，這對我們是何等的安慰！另一方面，我們在有需要和飢餓的人當中作工時，此認知豈不賦予我們勇氣和權柄！我是祂的「枝子」，是祂的「一部份」，祂的資源是「無窮盡」的，藉此祝福身邊的人！

§

讓我們再細看葡萄樹和枝子的比喻，這比其他經文更清楚說明我們與主耶穌的聯合。

祂開始時這樣說：「我是真葡萄樹。」希臘文的句子結構強調「真」這個字。主顯然把祂自己和另一些不是真的葡萄樹（證明是失敗之作）比較。《舊約聖經》也在多處提及葡萄樹。詩人說：「祢從埃及挪出一棵葡萄樹，趕出外邦人，把這樹栽上。祢在這樹根前預備了地方，它就深深扎根，爬滿了地」（詩篇 80:8–9）。這葡萄樹就是以色列，神的意思是要把它帶離埃及，栽在自己的土地，好讓他們為列國結果，列國也要因他們得福。可是那葡萄樹卻背負了這崇高期望，以為只為他們擁有特權和祝福，他們背離神，轉向偶像。因此神說：「以色列是茂盛的葡萄樹，結果繁多。果子越多，就越增添祭壇；地土越肥美，就越造美麗的柱像」（何西亞書 10:1）。樹上葉子很多，卻沒有為神和人結出果子。祂再次在其他地方提及以色列：「我栽你是上等的葡萄樹，全然是真種子；你怎麼向我變為外邦葡萄樹的壞枝子呢？」（耶利米書 2:21）。然而，《舊約》中有關葡萄樹最戲劇性的經文，可算是《以賽亞書》5:1–4 中美麗的葡萄園之歌：

「我所親愛的有葡萄園在肥美的山岡上。他刨挖園子，撿去石頭，栽種上等的葡萄樹，在園中蓋了一座樓，又鑿出壓酒池；指望結好葡萄，反倒結了野葡萄。耶路撒冷的居民和猶大人哪，

請你們現今在我與我的葡萄園中，斷定是非。我為我葡萄園所作之外，還有什麼可作的呢？我指望結好葡萄，怎麼倒結了野葡萄呢？」

這是何等的比喻！此比喻不只關乎以色列人，更關乎我們。神還有什麼是可以為我們做而沒有做的呢？回看自己美好敬虔的成長，見到許多發生在別人生活中的不幸，我們都免受了。有一天，我們聽見恩典的信息，接受耶穌基督作救主。此後的日子，享受到說不完的特權和祝福。或被熟悉《聖經》的老師教導；或享受聖徒間的團契；或被服侍週到；神也把多而又多的祝福傾瀉在我們懷中。我們不乏葡萄園裝飾師的貼心關注，因為祂來，是為了修剪醫治。神在不同程度上對我們每一個人說：「對於我的葡萄園，我還有什麼應該做而沒有做的呢？」當祂尋找葡萄，就是那可以榮耀祂和祝福別人的靈魂果子時，我們只獻上野生的酸葡萄，就是屬情慾的醜事。再多看一次神為我們除去的東西，「情慾的事都是顯而易見的，就如：

姦淫、污穢、邪蕩、拜偶像、邪術、仇恨、爭競、忌恨、
惱怒、結黨、紛爭、異端、嫉妒、醉酒、荒宴等類。」

(加拉太書 5:10–21)

這裏列舉的，非酸臭不堪就帶有傷害性，從性的不潔，以至嫉妒荒宴，都不討神喜悅，也對人無益。這就是我們服侍家人、同工、甚至教會時所獻的果子。而生出這些果子的葡萄園，卻是神慷慨地施予許多特權和關心的地方。奇怪的是，縱使我們信誓旦旦不會令神失望，努力掙扎，但結果卻是相反。

這樣，為何這是我們的經驗？為何以色列，神《舊約》中的葡萄樹，會是這個樣子？理由很簡單，因為以色列就是葡萄樹，只要它一天仍是葡萄樹，就只會結出這種果子，這種果子反映人類墮落本性的特質，這特質的中心永遠只是自己。若人的本性能夠被改變，結出甜美的葡萄，那麼，這也可以發生在以色列身上，因為從沒有別人可以從神那裏得到如此的豐盛。

可是，以色列的失敗，已表明人永不可能成為為神結出果子的葡萄樹。

這也是我們失敗的原因。我們一直努力要成為葡萄樹；一直嘗試在自己裏面找出一點聖潔，一點對別人的愛心，可是《聖經》卻從沒有鼓勵我們往自己心裏尋找。保羅比我們更早明白這道理，他說：「我也知道在我裏頭，就是我肉體之中，沒有良善」（羅馬書 7:18）。另一位有同樣發現的人，也曾祈禱說：「神啊，赦免我的過犯，因為我是我。」這正是主耶穌與自己對比的葡萄樹。站在這些毀壞的葡萄樹中，祂的心實在苦痛無比，因而喊著說：「我是真葡萄樹。」祂彷彿在說：「人作為葡萄樹的日子已過去了。神對人作葡萄樹的審判，在我懸掛於樹的身體上完成了。從今以後，我就是葡萄樹。現在，神只會從『我』身上找到果子，別的地方都找不到。」正確理解的話，這是我們得到的最佳喜訊。神不再期望我們作葡萄樹，我們不用再嘗試。結果子的責任已不在我們身上。神有祂自己的真葡萄樹，就是已復活的主耶穌，祂足以結出神要求人結出的所有果子，並且成就按祂恩典為人設立的所有旨意。

但是，我們該從何入手？僅作為祂這葡萄樹的枝子便可以了。容許祂住我們裏面，我們不會生出果子，只會結出祂生產的果子。這情況為保羅的話加添了新的意義：「我已經與基督同釘十字架……乃是基督在我裏面活著」（加拉太書 2:20）。有一個保羅已經與基督同釘十字架；同時亦有一個保羅有基督在他裏面活著。哪個是哪個呢？與基督同釘十字架的保羅是「葡萄樹」保羅，這保羅曾徒然地竭力行善。而基督活在他裏面的那個保羅，是一根枝子，他的自信被破碎了，他只依靠他的主。在保羅這根「枝子」裏面，主耶穌再一次活出祂的生命，因為保羅立即接著說：「現在活著的不是我，乃是基督在我裏面活著」，正如葡萄樹靠樹液養活枝子，耶穌這葡萄樹也是所有果實的源頭，從結果實之人的生命和服侍，可以看得見耶穌。

𝄇

我們可以把以上所有，實際地應用在日常的生活經驗中。每個人都有可能隨時不自覺地承擔起葡萄樹的責任。開始每天的生活時，彷彿這一天屬於我們，我們計畫每天的日程，竭力要為主做到最好。我們肩負那天的責任，管理每一天，不知不覺地成了那葡萄樹。可是，正因為那是屬於我們的一天，我們是葡萄樹，所以情況很快變壞了。人和環境搞垮我們的計畫，使計畫無法實現；隨之而來的反應，就是心中出現冷酷、生氣、惱恨的感受，嘴裏說出尖銳的反駁言論。嘗試擔當葡萄樹的責任使我們神經緊張，繃緊的情緒使我們容易落在更多的罪中。假若我們被委託去做特別的侍奉，精神緊張使情緒反應變得更糟，我們帶著這些負面的情緒反應進到服侍中，而不懂得把負面的情緒反應稱為罪。怪不得我們總感到困窘和挫敗。

無論如何，悔改之門總是為我們而開的。真葡萄樹——耶穌自己——像很多平常的葡萄樹一般，固定在樹椿上，那就是加略山上的樹椿。祂邀請我們回到祂面前悔改，承認一切問題都源於「我們自己」要作葡萄樹，從祂手上得到赦免潔淨。一瞬間，祂再次成為我們的葡萄樹，我們成了在祂裏面安息的枝子。正是在失敗之處，我們結出聖靈的果子，就是由祂的生命和本性結出來的果子。這是何等豐盈的寶貴葡萄，都是為了祝福而結的，也帶著祂自己的特徵！這跟帶著我們的特徵，憑血氣行事，是何等大的對比！

> 聖靈所結的果子，
> 就是仁愛、喜樂、和平、
> 忍耐、恩慈、良善、
> 信實、溫柔、
> 節制。
> （加拉太書 5:22–23）

《聖經》描寫聖靈果子時，不是複數（fruits），而是單數（fruit），因此上述所描寫的特質，似乎都包含在第一個果子之內，就是仁愛的果子，就是「祂」對人的愛。

然而，得勝之道永遠來自悔改。除非我們因神讓我們看見的肉體私慾而悔改，否則耶穌不能成為我們的葡萄樹。僅僅嘗試更完全地相信祂、依靠祂，卻沒有承認罪的存在，永不能帶來得勝──祂的得勝。當我們因自己嘗試作葡萄樹而悔改，祂才可以成為我唯一的葡萄樹。只有為自己缺乏愛心悔改，才能擁有祂的愛；只有為自己的憂慮，缺乏平安認罪，才擁有祂的平安；只有為自己不忍耐認罪，才有祂的恆忍；只有承認自己仇恨之心，才擁有祂的溫柔；等等。當我們願意讓祂成為葡萄樹，我們只作枝子，祂拯救和祝福別人的旨意便開始實現。事就這樣成了──奇妙的事。祂就是祂，不作他選。祂是奇妙的主，奇妙的事對祂來說是正常不過的。

我們用不著說服祂去拯救復興，這是祂的工作。祂不是在我們開始祈禱和相信時才動手。祂一直都在作工，只是我們不常與祂聯繫罷了。但是，當我們開始祈禱、開始相信（這比祈禱更重要），我們就趕上了祂正在進行的旨意，成為祂結出果子的「枝子」。我們的經驗有多深刻，就在於我們對祂有多期待。

◆

最後，我們要問的是：我們這枝子到底有何作用？祂在我們上面結果子，祂也藉著我們成就祂的旨意。

「第一」，我們必須不斷憑信心看見耶穌就是葡萄樹，祂是那位愛人的神，祂以無限的大能實行祂的旨意，賜人恩典。祂永不缺失、永不受挫、永不被打倒，祂是「我們的葡萄樹！」我們的軟弱虛妄不能攔阻祂；事實上，這反倒使祂有更多機會證明自己。能這樣看見祂，何等「充滿」我們的眼目！我們心裏自然湧出起勇氣、信心、確據。當我們在靈裏得勝，不戰而勝，祂的果子也顯露出來了。

「第二」，我們必須有願意被破碎的心，又願意作祂使用的枝子。枝子本身沒有獨立的生命，它的存在，就是為葡萄樹結果子。這生命也當體現在我們和主耶穌的關係上。我們心裏與自私自利的爭戰，何等頻繁！頻繁得迫使我們退回自己的舊中心去，那就是自我，因此不能為祂所用。若我們要作祂的枝子，就必須完全降服，不是在嚴肅的奉獻時刻一次徹底降服，而是每當事情發生時，每當祂處理我們時降服。這涉及不斷向自我、自我的權利願望死，「只有」這樣，主耶穌才能在枝子上結出祂的果子。

一位作者用了一個見證來說明這點。作者正乘火車到別處帶領聚會，他到達目的地前必須換兩次火車。旅程的第一部分，雖然他意識到心裏有微小的聲音告訴他應顧念車箱中其他人，可是，他仍埋頭看報，不願把報紙放下。他沒有預備為葡萄樹所用。旅程的第二部分，他忙著預備在聚會上宣講的信息。那微小的聲音再次告訴他應該顧念身旁的人。可是，他因聚會緊張焦慮，認為必須繼續工作，他再一次沒有預備為葡萄樹所用。可是，進入旅程的第三部分，主耶穌破碎了他，他終於告訴主耶穌願意成為祂的枝子。可是，他置身的車箱是空的，他懷疑神是否真的對他說話。不久，一個男人走進來，直到旅程完結，全個車箱就只有他們二人。他們輕鬆地談及屬靈的事情，話題引入到這男人的確需要主耶穌，這人實在有一顆早已作好準備的心。距離目的地還有五分鐘路程，就在那火車上，他接受了耶穌作他的個人救主，從他後來所寫的信中，見證神當天在他心裏動了工。這個經驗讓作者從新鮮的角度認識他當時所需要的主，他心中也生出對神新的信心；這事之後，他看見主耶穌把復興和救恩賜給教會，那是他從未見過的。

有福的葡萄樹滿有憐憫，被人的需要觸動，我們卻自私，滿不在乎。葡萄樹只為別人存在，我們卻自我中心。這葡萄樹足以榮耀地實踐祂對人的愛，我們卻不信，也不準備為祂所用。願神對付我們、破碎我們，令我們願意預備成為祂的枝子。

現在我們可以思想一下主耶穌用來描述我們在這世上扮演角色的字句。祂說：「你們要常在我裏面，我也常在你們裏面」（約翰福音 15:4）。我們遵行這話直到最後是合宜的，每當想到熱心、熱愛追尋真理的人時，這話總顯得過份突出。人說「奧秘內藏。」但這也不盡然，奧秘藏在「我們」所做的事中，引起另一種形態的掙扎，就是掙扎著要在裏面。這奧秘肯定在於「葡萄樹」，而祝福則來自我們把祂「看為葡萄樹」；當我們仰望祂時，在我們還沒有意識以先，我們已在祂裏面了！

「在裏面」一詞，簡單地說就是「居住」、「停留」、「繼續」的意思。神把我們交給祂的兒子，使我們與祂聯合，成為葡萄樹的枝子。讓我們就這樣停留在那裏、住在那裏、在那裏繼續活動，在那裏——在祂裏面。我們若如此行，祂就會居住、停留、「在我們」裏面。「在我裏面」是我們將要滿足的條件。「我在你裏面」則是「祂」會堅守的諾言。正如祂說：「若你常住在我裏面，我也常住在你裏面」。當祂再次在我們裏面活出祂的生命，祂的果子和得勝便會顯露出來，因為祂永不失敗。

那麼，常在基督裏包括什麼？這必須在論述過有關葡萄樹——耶穌——的一切意義下加以解釋。「首先」，由於我們不斷承擔葡萄樹的地位，每當罪惡來臨，願意立即認罪，是在基督裏的意思之一，在基督裏能不斷把我們放在枝子的正確位置上。「其次」，在基督裏的意思是不斷看耶穌為「葡萄樹」，並在祂無限的資源中活著，服侍別人。因著依靠與這寶貴葡萄樹的結連，就生出不間斷的信心。這信心不會「要求」與祂聯合，因為兩者「已經」聯合了，並為了祂以祂的生命生出我們的生命讚美祂。在這過程中，人要歷經破碎，繼續向耶穌交出自己的權利和利益，祂也使用我們的交託，祝福他人。「最後」，是把愛傾倒在別人身上，不是口舌上的傾倒，乃是行為上的傾倒。當我們開始傾倒，祂也傾倒祂的愛進來。可是若我們不傾倒，祂也

無法傾倒。這好比只有我們扭開水龍頭排水，新鮮的水才會傾注水槽。後者是《約翰福音》十五章耶穌給「在裏面」的唯一定義，因此也必須包含其他所有部分。祂說：「你們若遵守我的命令，就常在我的愛裏……你們要彼此相愛，像我愛你們一樣；這就是我的命令。」

然而，不要把首先、其次、最後作為方程式。「只要看耶穌為葡萄樹，我們是祂的一部分，願意成為祂的枝子服侍他人便可。」祂這奇妙、活著、滿有恩典的葡萄樹，必再次在我們裏面活出祂的生命，為人結出祂的果子，為他們行奇事。

那麼，「看見耶穌」就成了我們基督徒生活各方面的答案。

我們願意見耶穌！

www.ingramcontent.com/pod-product-compliance
Lightning Source LLC
Chambersburg PA
CBHW051847040426
42447CB00006B/733